**Thomas Lorenz**
**Stefan Oppitz**

**30 Minuten**

# Selbst-Bewusstsein

Mit dem Myers-Briggs-
Typenindikator® (MBTI®)

Bibliografische Information der Deutschen Nationalbibliothek

Die Deutsche Nationalbibliothek verzeichnet diese Publikation
in der Deutschen Nationalbibliografie; detaillierte bibliografische Daten sind im Internet über http://dnb.d-nb.de abrufbar.

Umschlaggestaltung: die imprimatur, Hainburg
Umschlagkonzept: Martin Zech Design, Bremen
Zeichnungen: Heidi Rüße, Baumberg
Lektorat: Dr. Michael Madel, Ruppichteroth
Satz: Zerosoft, Timisoara, Rumänien
Druck und Verarbeitung: Salzland Druck, Staßfurt

® Myers-Briggs Type Indicator und MBTI sind eingetragene
Warenzeichen des Myers-Briggs Indicator Trust.
™ Einführung in Typen ist ein eingetragenes Warenzeichen des
Myers-Briggs Type Indicator Trust.
© 2004 GABAL Verlag GmbH, Offenbach
16. Auflage 2015

Hinweis:
Das Buch ist sorgfältig erarbeitet worden. Dennoch erfolgen alle
Angaben ohne Gewähr. Weder Autor noch Verlag können für
eventuelle Nachteile oder Schäden, die aus den im Buch gemach-
ten Hinweisen resultieren, eine Haftung übernehmen.

Printed in Germany
Erhältlich auf Deutsch, Englisch, Französisch und Italienisch
sowie als Hörbuch
978-3-86936-288-5

# In 30 Minuten wissen Sie mehr!

Dieses Buch ist so konzipiert, dass Sie in kurzer Zeit prägnante und fundierte Informationen aufnehmen können. Mithilfe eines Leitsystems werden Sie durch das Buch geführt. Es erlaubt Ihnen, innerhalb Ihres persönlichen Zeitkontingents (von 10 bis 30 Minuten) das Wesentliche zu erfassen.

### Kurze Lesezeit

In 30 Minuten können Sie das ganze Buch lesen. Wenn Sie weniger Zeit haben, lesen Sie gezielt nur die Stellen, die für Sie wichtige Informationen beinhalten.

- Alle wichtigen Informationen sind blau gedruckt.

- Schlüsselfragen mit Seitenverweisen zu Beginn eines jeden Kapitels erlauben eine schnelle Orientierung: Sie blättern direkt auf die Seite, die Ihre Wissenslücke schließt.

- *Zahlreiche Zusammenfassungen innerhalb der Kapitel erlauben das schnelle Querlesen.*

- Ein Fast Reader am Ende des Buches fasst alle wichtigen Aspekte zusammen.

- Ein Register erleichtert das Nachschlagen.

# Inhalt

# Vorwort

Was gibt es Spannenderes als sich seiner selbst bewusst zu sein, als die Beschäftigung mit dem eigenen „Ich"? Die Reise zu mehr Selbst-Bewusstsein am Fluss des Lebens beginnt mit der Identifikation der eigenen Persönlichkeit, um davon ausgehend:

- sich selbst – aber auch andere – besser zu verstehen,
- eigene Verhaltensmuster einschätzen zu können oder
- für sich selbst Entwicklungsschritte hin zu einer reifen Persönlichkeit zu entdecken.

Das Persönlichkeitsprofil von Katharine Briggs und ihrer Tochter Isabel Briggs Myers – das Myers-Briggs Type Indicator® (MBTI®) Instrument – bietet hierfür schon seit über 50 Jahren eine hervorragende Orientierung. Das MBTI Instrument ist dabei so etwas wie ein Kompass: Er ist leicht zu verstehen und im täglichen Leben in vielen Situationen anwendbar: im Beruf, bei der Arbeit im Team, in der Partnerschaft. Er ist deshalb eines der weltweit am häufigsten eingesetzten Persönlichkeitsinstrumente.

Mit Hilfe der Beschreibung der Persönlichkeitstypen, die Sie in diesem Buch finden, sind Unterschiede in der Persönlichkeit leicht und verständlich erkennbar und nachvollziehbar. Im Umgang mit unseren Mitmenschen – ob

Partner, Kollege, Freund, Eltern, Kinder oder Chefs – sind diese Unterschiede oft die Ursache für Missverständnisse und Konflikte, aber auch für erfolgreiche Zusammenarbeit und inspirierende Erfahrungen, die sich ergeben, wenn Menschen mit unterschiedlichen Persönlichkeitsstilen gemeinsam Ziele erreichen wollen.

Dieses in Anlehnung an das MBTI Instrument geschriebene Buch hilft Ihnen, Ihre eigenen Stärken zu erkennen, damit Sie sie optimal zur Bewältigung der Herausforderungen nutzen können, die Ihnen im Berufs- und auch im Privatleben begegnen. Dies stärkt Ihr Selbstverständnis und ist Motivation, sich als Persönlichkeit einzubringen und weiterzuentwickeln. Die Beschäftigung mit dem MBTI Instrument kann Ausgangspunkt für eine lebenslange persönliche und berufliche Entwicklung sein. Das Buch geht dabei zunächst von Ihrer Selbsteinschätzung aus, die durch einen statistisch abgesicherten Fragebogen abgerundet werden kann.

In jedem Fall steht Ihnen mit der Lektüre dieses Buches eine spannende Reise bevor. Am Ende der Reise – so hoffen wir – werden Sie mehr über sich selbst und diejenigen Menschen wissen, mit denen Sie tagtäglich zu tun haben.

Wir wünschen Ihnen viel Spaß und Selbst-Bewusstsein.

*Thomas Lorenz und Stefan Oppitz*

# 30 MINUTEN

**Kennen Sie die Erfolgsfaktoren
Ihrer Persönlichkeit?**

**Wissen Sie, ob Sie ein überzeu-
gungs- und entscheidungsstarker
Mensch sind?**

**Sind Ihnen die Grundlagen eines
sinnvollen Miteinanderumgehens
bekannt?**

# 1. Selbst-Bewusstsein – was ist das?

Erkenne dich selbst – seit der Antike beschäftigt sich der Mensch mit dem Erkennen der eigenen wie der fremden Persönlichkeit. Verschiedene Persönlichkeitsmodelle wurden entwickelt, um die Ausprägung menschlichen Verhaltens nachvollziehbar, Handeln erklärbar und möglicherweise sogar voraussehbar zu machen.

## 1.1 Über den Nutzen von Persönlichkeitsprofilen

„Welcher MBTI-Typ bist du?" Was genau ist mit dieser Frage gemeint? MBTI® – diese vier Buchstaben stehen für Myers-Briggs Type Indicator®. Sie beziehen sich auf die beiden „Erfinderinnen" Katharine Briggs (1875–1968) und Isabel Briggs Myers (1897–1980), die bereits vor dem zweiten Weltkrieg in den

USA die Theorie der Persönlichkeitstypen des Schweizer Arztes und Psychoanalytikers Carl Gustav Jung (1875–1961) zur Beschreibung von Persönlichkeitsunterschieden heranzogen und diese Theorie weiterentwickelten. Seitdem liegt mit dem MBTI Instrument ein Konzept vor, mit dem schnell und einfach Persönlichkeitsunterschiede beschrieben und für die Darstellung der Entwicklungsmöglichkeiten eines Menschen genutzt werden können.

### *Persönlichkeitsbilder und Persönlichkeitstypen*

Carl Gustav Jung entwickelte eine Charakterologie, die sich an vier psychologischen Grundfunktionen orientiert: Denken, Fühlen, Sensitives Empfinden, Intuition. Diese Grundfunktionen treten mit den beiden Erscheinungsformen der Extraversion und der Introversion zu typischen Persönlichkeitsbildern zusammen. Jedes Persönlichkeitsbild verweist auf verschiedene Verhaltensmuster, deren Gesamtheit als Persönlichkeitstyp bezeichnet wird. Jung stellte zudem fest, dass Menschen zwei psychische Prozesse nutzen, wenn sie sich aktiv mit ihrer Umwelt auseinandersetzen: Zum einen nehmen sie ihre Umwelt wahr und sammeln Informationen über sie. Zum anderen ordnen sie diese Informationen, ziehen auf dieser Grundlage Schlussfolgerungen und treffen Entscheidungen.

Jeder Persönlichkeitstyp zeigt in den Bereichen „Wahrnehmung" und „Urteilen" Präferenzen, die vom jeweiligen Persönlichkeitstyp abhängig sind. Das heißt: Wer sein Persönlichkeitsprofil kennt, erhält Aufschluss darüber, wie er in bestimmten Situationen etwas wahrnimmt und Entscheidungen trifft. Er erhöht seine Selbstkenntnis – und auch seine Menschenkenntnis – und weiß, wo er ansetzen kann, falls er seine Persönlichkeit entwickeln will.

### Der Begriff der Präferenz

Der Begriff der Präferenz (= Bevorzugung) ist Ihnen wahrscheinlich aus verschiedenen Bereichen des Alltagslebens vertraut. Wenn Sie sich eine Jacke anziehen, haben Sie die Präferenz, zuerst mit einem bestimmten Arm in die Jacke zu schlüpfen. Sie „bevorzugen" also einen Arm – probieren Sie einmal aus, welcher dies bei Ihnen ist. Ein weiteres Beispiel: In aller Regel halten wir beim Verschränken der Arme eine bestimmte Hand nach oben bzw. nach unten.

Nutzen wir unsere präferierte, unsere bevorzugte Seite, so können wir sehr schnell und ohne großes Nachdenken handeln. Sind wir aber gezwungen, unsere nicht bevorzugte Seite zu nutzen, fällt uns dies schwer und wir benötigen dazu unsere ganze Aufmerksamkeit und Konzentration. Andererseits: Wenn es notwendig ist, die nicht bevorzugte Seite einzusetzen, genügt oft ein wenig Übung und Training, um darin besser zu werden – allerdings nie so gut, wie es mit der bevorzugten Seite möglich ist. Und sobald wir zu unserer bevorzugten Seite zurückkehren können, nutzen wir diese automatisch wieder.

Auch als Persönlichkeiten haben wir bevorzugte Bereiche, die wir dann mit dem Begriff des „natürlichen Verhaltens" beschreiben. Diese Bereiche, die unseren Präferenzen entsprechen, bestimmen, zu welchem Persönlichkeitstyp ein Mensch gehört.

Begegnen Sie manchmal Menschen, die Sie bewundern, weil sie Situationen treffsicher wahrnehmen und dann „richtig" entscheiden? Und haben sich gefragt, was diese überzeugungs- und entscheidungsstarken Menschen von anderen unterscheidet? Wahrscheinlich liegt es daran, dass diese Menschen „Persönlichkeiten" in dem Sinne sind, dass sie ihre geistigen und charakterlichen Anlagen voll entfaltet und in ein ausgewogenes Verhältnis zueinander gebracht haben. Diese Menschen sind mit sich selbst „im Reinen", ihre Wertvorstellungen, Handlungen, ihre Denkweise und ihre Äußerungen stimmen miteinander überein, es gibt keinen Widerspruch zwischen den entwickelten Anlagen. Wir sprechen dann von orientierten Persönlichkeiten, die aufgrund ihres Persönlichkeitsbildes über eine große Überzeugungskraft und Entscheidungsstärke verfügen. Wer seine Präferenzen erkennt, lernt viel über sich. Dieser Erkenntnisprozess ist schwierig genug. Noch problematischer aber ist es, die Präferenzen bei anderen Menschen zu erkennen, um zu wissen, wie man mit diesen Menschen am besten umzugehen hat. Der MBTI bietet bei beiden Erkenntnisprozessen wertvolle Hilfestellung.

*Jeder Mensch bevorzugt bestimmte Verhaltensweisen und Denkhaltungen. Welche dies sind, lässt sich aus seinem Persönlichkeitsbild ableiten. Wer sein Persönlichkeitsprofil kennt, weiß, wie er in einer bestimmten Situation mit hoher Wahrscheinlichkeit reagieren wird.*

**30**

## 1.2 Wie wir sinnvoll miteinander umgehen

Es gibt sicher kein Patentrezept, wie man sinnvoll miteinander umgeht. Deshalb wollen wir auch nicht den Eindruck erwecken, wir würden ein solches Wundermittel kennen. Was wir aber zeigen möchten, ist, dass es neben den unterschiedlichen Interessen, Erwartungen und Zielen auch die individuellen und oft nicht bewussten Grundüberzeugungen, Vorurteile oder Selbstbilder sind, die einen wesentlichen Einfluss darauf haben, wie wir mit anderen Menschen kommunizieren.

Unser Umgang mit anderen Menschen wird von den konkreten Bildern bestimmt, die wir von uns und den anderen konstruieren. Diese Bilder sind uns jedoch nicht selten ganz oder weitgehend unbewusst. Die folgenden Kapitel helfen, diese Bilder zu verdeutlichen, also das, was Sie bis jetzt vielleicht mehr oder weniger unbewusst gespürt haben, in konkrete Worte und Beschreibungen zu fassen. Dieser Erkenntnisprozess verläuft nicht immer unproblematisch. Zumeist werden die – manchmal auch überraschenden und unerwarteten – Ergebnisse dieses Prozesses von den Beteiligten akzeptiert. Es kann aber durchaus sein, dass die Beschäftigung mit der eigenen Persönlichkeit zu Ergebnissen führt, die im Widerspruch stehen zu dem Menschenbild, das Sie sich bisher bezüglich der eigenen wie der fremden Persönlichkeit gemacht haben. Jene Beschäftigung kann also zu einem Riss zwischen Ihrem bisherigen und dem „neuen" Bild führen, nach dem Motto: „Ich hätte nie gedacht und kann gar nicht glauben, dass dieser Aspekt bei meiner Persönlichkeit überhaupt eine Rolle spielt!" Ihr bisheriges Bild von der Wirklichkeit erfährt eine Erweiterung.

- *Jeder Mensch verfügt über bestimmte Präferenzen, die seinen Persönlichkeitstyp ausmachen.*

- *Der MBTI® hilft, die eigene Persönlichkeit zu erkennen und weiterzuentwickeln sowie andere Menschen besser zu verstehen. Dies erleichtert den Umgang miteinander.*

**30**

# 30 MINUTEN

# 2. Das eigene Persönlichkeitsprofil erkennen

## 2.1 Persönliche Präferenzen identifizieren

Die folgende kurze Übung soll verdeutlichen, was hinter unserer Betrachtung von Persönlichkeitsprofilen steht. Schreiben Sie bitte Ihren Vor- und Zunamen auf die folgende Linie (oder auf ein gesondertes Blatt):

In welcher Hand befand sich Ihr Stift? Nehmen Sie nun bitte den Stift in die andere Hand, mit der Sie eben nicht geschrieben haben, und schreiben Sie erneut Ihren Vor- und Zunamen auf die Linie:

Was haben Sie beim Schreiben mit der bevorzugten Hand empfunden, was bei der anderen Hand? Welche Hand würden Sie als Ihre bevorzugte Schreib-hand bezeichnen – also als Ihre Präferenz?

Wenn es nicht nur ums Schreiben geht, sondern um handwerkliche Tätigkeiten, ist das Ergebnis oft nicht ganz so eindeutig. Da gibt es eindeutige Rechts- und Linkshänder, die nur selten die andere Hand nutzen – aber was geschieht, wenn die bevorzugte Hand verletzt und daher verbunden ist? Es gibt aber auch Linkshänder, die in der Schule lernen mussten, mit rechts zu schreiben, oder Menschen, die mit rechts schreiben, aber mit links handwerken. Viele Varianten sind denkbar. Doch allen ist eins gemeinsam:

> Es gibt eine bevorzugte Hand (Präferenz). Aber auch die weniger bevorzugte Hand ist relevant und „einsetzbar".

Eine Präferenz sagt nur etwas darüber aus, welche Verhaltensweise in der Regel einfacher und natürlicher ist. Eine Aussage über die Qualität oder Stärke einer Präferenz nach dem Motto „zu viel" oder „zu wenig" oder gar „gut" oder „schlecht" ist nicht möglich – gerade so wie man nicht sagen kann, dass jemand „zu viel Rechtshänder ist". Die Beschreibung von Präferenzen eignet sich also nicht dazu, eine Aussage über den Erfolg oder die Qualität einer geforderten Eigenschaft eines Menschen zu treffen. Der MBTI ist deshalb auch kein Auswahl-, sondern ein

Entwicklungsinstrument. Dies sollten besonders diejenigen beachten, die sich fragen, welche Präferenzen sie brauchen, um beispielsweise im Beruf – etwa als Vertriebsmitarbeiter oder Vorgesetzter – erfolgreich zu sein. Die Frage muss vielmehr lauten: „Welche Präferenzen habe ich und wie kann ich diese sinnvoll einbringen, um mich zu profilieren?"

## *Gegensatzpaare*

Der Myers-Briggs Type Indicator unterscheidet vier Gegensatzpaare, deren Ausprägungen zwar jeder Mensch nutzt – allerdings in unterschiedlicher Intensität. Wenn man bei einem Gegensatzpaar von einer Präferenz spricht, bedeutet dies kein Werturteil. Beide Pole sind wichtig – auch wenn uns der Umgang mit einer Seite leichter fällt oder wir uns wohler fühlen und unserer Umgebung als kompetenter erscheinen, wenn wir sie nutzen.

Die Gegensatzpaare (Dichotomien) des MBTI beziehen sich auf die Fragen:

I. Woher beziehe ich meine Energie, wohin lenke ich meine Aufmerksamkeit – nach außen oder innen?

II. Wie nehme ich meine Umwelt wahr, wie nehme ich Daten auf – mit Aufmerksamkeit fürs Detail oder mit Blick für den großen Zusammenhang?

III. Was ist die Grundlage für meine Entscheidungen – mein Denken oder mein Fühlen?

IV. Wie gehe ich mit der Außenwelt um – erlebt diese mich eher geordnet und strukturiert oder flexibel und spontan?

*Um den ersten Schritt zu mehr Selbst-Be-wusstsein zu gehen, muss festgestellt werden, welche Präferenzen ein Mensch hat, welches Verhalten für ihn beispielsweise in so wesentlichen Situationen wie geeignetem Wahrnehmen und gekonntem Entscheiden natürlich ist.*

## 2.2 Die Selbsteinschätzung mit dem MBTI Instrument

Manchmal ist es schwierig, die eigene Präferenz festzustellen. Ähnlich wie bei dem umerzogenen Links-händer, der schon früh lernen musste, mit der „richtigen" (= der rechten Hand) zu schreiben, fällt es uns nicht immer leicht zu bestimmen, was in unserem Verhalten unserer bevorzugten Seite entspricht und was uns eventuell anerzogen worden ist.

Lassen Sie sich nicht von aktuellen Situationen blenden, sei es die derzeitige Situation im Beruf oder Ihre Rolle in der Partnerschaft oder der Familie. Nutzen Sie zu Ihrer Positionierung Situationen, in denen Sie sich als ‚Sie selbst' empfunden haben und keinen Druck von außen verspürt oder ihm gar nachgegeben haben. Grundsätzlich gilt: Sie selbst können sich am besten einschätzen. Denken Sie bei Ihrer Selbsteinschätzung (s. Übersicht Tabelle 1) daran, dass es nicht darum geht, wie Sie gerne sein möchten, sondern wie Sie sich tatsächlich in Ihren Handlungen erleben: Seien Sie ehrlich zu sich selbst!

Stellen Sie sich bei der Selbsteinschätzung und der Identifikation Ihres Profils die folgenden Fragen:
- Was entspricht meinem natürlichen Verhalten am ehesten?
- Wie bin ich, wenn ich nicht bestimmte Rollen oder Erwartungen erfüllen muss?
- Wie bin ich früher (als Kind, als Jugendlicher) wahrgenommen worden?
- Wie reagiere ich bei leichtem Stress?

## Tabelle 1: Gegensatzpaare im MBTI®-Profil

### Woher beziehen Sie bevorzugt Ihre Energie

| E | sehr klar | klar | mittel | gering | 0 | gering | mittel | klar | sehr klar | I |
|---|---|---|---|---|---|---|---|---|---|---|
|  | 60 | 50 | 40 | 30 | 20 | 10 | 0 | 10 | 20 | 30 | 40 | 50 | 60 |  |

**EXTRAVERSION**

**INTROVERSION**

- Finden leicht Kontakt
- Aktiv kommunizierend
- Energie aus Außenwelt

- Eher zurückhaltend
- Überlegen/reflektieren
- Energie aus Innenwelt

### Wie nehmen Sie bevorzugt Informationen auf

S ⟵⟶ N

**SENSITIVES EMPFINDEN**

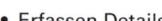

**INTUITION**

- Erfassen Details
- Fragen nach Fakten
- Setzen auf Bewährtes

- Erfassen Gesamtheit
- Theorien/Abstraktes
- Bauen auf Kreativität

### Wie fällen Sie bevorzugt Entscheidungen

T ⟵⟶ F

**THINKING/DENKEN**

**FÜHLEN**

- Logisch, analytisch
- Vergleichen Alternativen
- Aufgabenorientiert

- Einfühlsam, empathisch
- Berücksichtigen Werte
- Personenorientiert

### Wie organisieren Sie sich bevorzugt in der Außenwelt

J ⟵⟶ P

**JUDGING/URTEILEN**

**PERCEIVING/ WAHRNEHMEN**

- Systematisch, planend
- Vermeiden Zeitdruck
- Schätzen Routinen

- Halten Optionen offen
- Erleben Stress positiv
- Spontan, flexibel

Tabelle 1 dient nicht dazu, Menschen „in Schubladen zu stecken". Die Gegensatzpaare wollen vielmehr ein Verständnis für die Ausprägung von Präferenzen wecken.

Führen Sie die Selbsteinschätzung in einer ruhigen Minute durch. Lassen Sie sich von der Frage leiten: „Was entspricht meinem natürlichen Verhalten am ehesten?" Erinnern Sie sich dabei an Situationen, in denen Sie „ganz Sie selbst" waren.

## I. Quellen Ihrer Energie

Diese erste Dimension beschreibt, woher Sie Ihre Energie erhalten und worauf Sie Ihre Aufmerksamkeit richten. Die beiden Pole werden in der MBTI®-Terminologie mit den Buchstaben E (Extraversion) und I (Introversion) gekennzeichnet.

### EXTRAVERSION (Außenwelt)

Personen mit einer Präferenz für „Extraversion" brauchen den Kontakt zu anderen Menschen. Sie gewinnen ihre Energie durch die Interaktion mit der Umwelt, den Menschen und den Dingen. Extravertierte Menschen teilen offen ihre Gedanken mit und reden über Dinge mit anderen, um dadurch weitere Anregungen zu erhalten. Sie legen Wert auf Rückmeldung, die sie als Quelle der Inspiration sehen.

Menschen mit dieser Präferenz handeln und reagieren schnell, ohne lange nachzudenken. Sie bringen sich mit ihren Ideen spontan in Diskussionen ein und entwickeln diese durch immer neue Beiträge weiter. Von ihrem Umfeld werden sie als gesellige und anregende Menschen erlebt. Im beruflichen Zusammenhang sind sie oft die treibende Kraft. Diese nach außen gerichteten Menschen

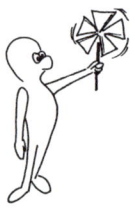

- finden leicht Kontakt, brauchen Beziehungen,
- entscheiden und handeln schnell und überlegen oft später,
- suchen die Kommunikation in der Gruppe und
- konzentrieren sich auf die Außenwelt.

## INTROVERSION (Innenwelt)

Personen mit einer Präferenz für „Introversion" beschäftigen sich sehr mit ihrer Innenwelt. Sie beziehen ihre Energie aus dem Inneren, den eigenen Gedanken, Ideen und Empfindungen. Diese Menschen können gut allein sein, sie bevorzugen ihre Privatsphäre und suchen Kontakt vornehmlich zu kleineren Gruppen.

Diese Menschen denken über Dinge nach, um sie zu verstehen, sie reflektieren ausgiebig und wägen ab, bevor sie handeln. Sie bevorzugen die Beschäftigung mit ihren eigenen Interessen. Initiative ergreifen sie dann, wenn ihnen ein Thema besonders am Herzen liegt. In der Kommunikation bevorzugen sie den schriftlichen Austausch, in Besprechungen bringen sie ihre Ideen mit Worten ein, die sie vorher genau bedacht haben. Diese nach innen gerichteten Menschen

- wirken eher zurückhaltend und reserviert,
- behalten ihre Gefühle für sich,
- überlegen zuerst und handeln erst dann und
- konzentrieren sich auf ihre Innenwelt.

Sie wissen nun, worauf Menschen bevorzugt ihre Aufmerksamkeit richten und woher sie ihre Energie beziehen können. Entscheiden Sie bitte, welche der beiden Beschreibungen Ihre Präferenz am ehesten erfasst:

E oder I

## II. Formen Ihrer Wahrnehmung

Die zweite Dimension beschreibt, wie Sie etwas wahrnehmen und Informationen aufnehmen. Die beiden Pole werden beim MBTI®-Profil mit den Buchstaben S (Empfinden, engl. Sensing, deshalb S) und N (INtuition; I ist schon vergeben) gekennzeichnet.

### SENSITIVES EMPFINDEN

Personen mit einer Präferenz für „sensitives Empfinden" setzen bei der Wahrnehmung alle Sinne ein. Sie bevorzugen es, Informationen exakt aufzunehmen, sie beobachten genau und erfassen die Details. Dabei legen sie besonderen Wert auf Fakten, beziehen sich auf ihre Erfahrungen und setzen auf Bewährtes.

Sie konzentrieren sich auf die Realität und streben eine praktische Vorgehensweise an. Wichtig ist ihnen, Theorien auf ihre Anwendbarkeit hin zu überprüfen. Sie schätzen es, wenn Sachverhalte nachvollziehbar und eindeutig sind. Ihre Schlussfolgerungen treffen sie nach intensiver Überlegung, verlassen sich dabei auf ihre Erfahrung. Menschen mit dieser Präferenz

- fragen nach Details und messbaren Fakten,
- betrachten Situationen realistisch und konkret,
- gehen nutzenorientiert und pragmatisch vor und
- leben in der Gegenwart.

## INTUITION

Personen mit einer Präferenz für „Intuition" verlassen sich auf ihre Eingebung. Sie bevorzugen es, Informationen auf anregende Art und Weise aufzunehmen. Sie erfassen eher den Gesamtzusammenhang und mögen allgemeine Konzepte. Sie verlassen gerne vorgegebene Wege und vertrauen auf ihre Ahnung und Vorstellungskraft.

Sie schätzen neue und ungewöhnliche Ideen, konzentrieren sich auf Möglichkeiten, die die Zukunft bietet. Menschen mit dieser Präferenz legen Wert auf die theoretischen Hintergründe und verweisen gerne auf Allgemeingültiges. In Veränderungen sehen sie die Chance, sich neuen Herausforderungen zu stellen und innovativ zu sein.

Das heißt, diese Menschen

- sehen die großen Zusammenhänge,
- betrachten und prüfen die Möglichkeiten,
- schätzen Kreativität und Inspiration und
- machen sich Gedanken über die Zukunft.

Nachdem Sie nun wissen, welcher Art von Informationen Menschen ihre Aufmerksamkeit widmen und wie sie diese bevorzugt aufnehmen, entscheiden Sie bitte, welche der beiden Beschreibungen Ihre Präferenz am ehesten erfasst:

S oder N

## III. Grundlagen Ihrer Entscheidungen

Diese Dimension beschreibt, wie Sie entscheiden. In der MBTI®-Terminologie dienen die Buchstaben T (Denken, engl. Thinking, deshalb T) und F (Fühlen) dazu, die beiden möglichen Pole zu bezeichnen.

### THINKING/ DENKEN

Personen mit einer Präferenz für „Denken" entscheiden analytisch. Sie entscheiden mit dem Kopf, betrachten das Für und Wider und bedenken die logischen Konsequenzen ihres Vorgehens. Dabei streben sie entschlossen nach Objektivität und wenden Regeln und Prinzipien an, wenn es darum geht, einen Entschluss zu fassen.

Menschen mit dieser Präferenz konzentrieren sich mehr auf die Aufgaben als auf zwischenmenschliche Beziehungen, sie bemühen sich, ihre Gefühle zu kontrollieren. Sie achten auf Fairness und Gleichbehandlung, suchen Situationen, die sie nach dem Ursache-Wirkungs-Prinzip analysieren und objektiv bewerten können. Diese Menschen

- folgen analytisch dem Kausalprinzip (Ursache-Wirkung),
- handeln vernünftig und logisch nachvollziehbar,
- legen Wert auf die Gleichbehandlung aller,
- erkennen schnell, was nicht stimmt, und finden rasch Fehler.

## FÜHLEN

Personen mit einer Präferenz für „Fühlen" entscheiden gefühlsmäßig und „von Herzen". Sie sind einfühlsam, versetzen sich in die Lage des anderen und zeigen Verständnis. Bei ihren Entscheidungen bedenken Sie eigene und fremde Werte und berücksichtigen die Bedürfnisse anderer.

Sie suchen nach zwischenmenschlicher Harmonie und bedenken bei Entscheidungen genau, welche Auswirkungen dies auf andere hat. Ihre Gefühle bringen sie mit Freude zum Ausdruck. Sie zeigen Anerkennung und Wertschätzung und lassen sich durch persönliche „Echtheit" überzeugen. Sie tendieren dazu, Entscheidungen eher subjektiv zu treffen und berufen sich auf ihre persönlichen Werte. Menschen mit dieser Präferenz

- nehmen Bewertungen aufgrund ihrer Überzeugungen vor,
- schätzen harmonische Beziehungen,
- streben nach individueller Behandlung und
- zeigen sich gefühlvoll und nehmen Anteil.

Sie wissen jetzt, wie Menschen ihre Entscheidungen treffen. Überlegen Sie bitte, welche der beiden Beschreibungen Ihre Präferenz am ehesten erfasst:

T oder F

## IV. Ihre Wirkung in der Außenwelt

Diese Dimension beschreibt Ihr Verhalten mit und in der Außenwelt. Die beiden Pole werden nach der MBTI®-Terminologie mit den Buchstaben J (Urteilen, engl. Judging, deshalb J) und P (Wahrnehmen, engl. Perceiving, deshalb P) gekennzeichnet.

### JUDGING/ URTEILEN

Personen mit einer Präferenz für „Urteilen" benötigen für Ihren Lebensstil ein gewisses Maß an Planung und Strukturen. Sie gehen systematisch und methodisch vor und konzentrieren sich auf die Ziele und Ergebnisse. Sie bevorzugen es, Aufgaben zu organisieren, und möchten diese methodisch zum Abschluss bringen.

Menschen mit dieser Präferenz schätzen es, wenn Dinge entschieden sind. Entsprechend zeichnen sie sich durch Entscheidungsfreude aus. Plötzlich auftretende Stresssituationen versuchen sie zu vermeiden, indem sie planerisch vorgehen.

Das bedeutet, sie

- schätzen eindeutige Entscheidungen,
- bevorzugen geregelte Abläufe und planen im Voraus,
- stehen ungern unter Zeitdruck und
- möchten das Leben im Griff haben.

## PERCEIVING/ WAHRNEHMEN

Personen mit einer Präferenz für „Wahrnehmen" sind an neuen Erfahrungen interessiert. Sie schätzen Flexibilität und spontanes Vorgehen, halten sich Lösungsmöglichkeiten offen und möchten möglichst viele Aspekte einbeziehen. Aufgaben beenden sie gerne kurz vor Fristende, in sich verändernden Situationen beweisen sie ihre Anpassungsfähigkeit.

Sie wollen das Leben erleben und verstehen, statt es zu steuern. Ihre Energie schöpfen sie aus Spontaneität und Einfallsreichtum, gerade auch in plötzlich auftretenden Stressmomenten. Sie genießen den Prozessverlauf und können auch gut Dinge unter Zeitdruck erledigen. Menschen mit dieser Präferenz

- halten sich Alternativen offen,
- schätzen Spontaneität und Flexibilität,
- schöpfen Energie aus Zeitdruck, erleben Stress positiv und
- genießen die Momente im Leben.

Nachdem Sie nun wissen, wie Menschen mit ihrer Außenwelt umgehen, welchen Lebensstil sie bevorzugen, entscheiden Sie bitte, welche der beiden Beschreibungen Ihre Präferenzen am ehesten erfasst:

J oder P

## 2.3 Die Ergebnisse der Selbstein- schätzungen zusammenführen

Ihre Selbsteinschätzung ergibt nun einen aus vier Buchstaben zusammengesetzten persönlichen Code:

von Seite 25　　von Seite 27　　von Seite 29　　von Seite 31

Zusammen mit einem lizenzierten Trainer oder Berater könnten Sie auch den von Myers und Briggs-Myers entwickelten, statistisch abgesicherten Fragebogen durchgehen. Dabei erhalten Sie einen ausführlichen Bericht über die von Ihnen erfassten Präferenzen sowie Ihre persönlichen Präferenzwerte. Diese geben an, wie konstant Sie eine Präferenz gegenüber der jeweils anderen bevorzugt haben.

**Grafik 1: Präferenzwerte**

sehr klar　klar　mittel　gering　0　gering　mittel　klar　sehr klar

E ←——————————————————→ I

60　50　40　30　20　10　0　10　20　30　40　50　60

Danach folgt ein erstes Validierungsgespräch, um herauszufinden, inwieweit die Selbsteinschätzung und die Fragebogenergebnisse übereinstimmen. Da dieses Buch das Gespräch nicht ersetzen kann, sollten Sie bei der weiteren Lektüre vor Augen haben, dass es sich bisher nur um eine erste Selbsteinschätzung handelt und nicht um statistisch überprüfte und validierte Ergebnisse! Ihre Selbsteinschätzung ist ein erster Schritt – erst wenn Sie Ihre Präferenzen nicht nur ermittelt, sondern auch akzeptiert haben, werden Sie die weiteren Ausführungen dieses Buches vollständig nutzen können. Lesen Sie bitte zunächst die zu Ihrer Selbsteinschätzung passende Beschreibung, die Sie in Kapitel 5 finden. Prüfen Sie, ob Sie sich in der Beschreibung wiederfinden. Falls Sie an der einen oder anderen Stelle Ihrer Selbsteinschätzung unsicher waren, studieren Sie auch die Ausführungen zu dem jeweils anderen Pol. Übrigens: Sie tun sich keinen Gefallen, wenn Sie sich einen Typ „andichten", nur um in Ihrem Umfeld besser anzukommen. Wir wirken natürlich und glaubhaft, wenn wir die bevorzugten Bereiche unserer Persönlichkeit leben.

*Das MBTI®-Profil unterscheidet hierzu vier Gegensatzpaare: Extraversion und Introversion, Sensitives Empfinden und Intuition, Denken und Fühlen, Urteilen und Wahrnehmen. Jeder Mensch hat bezüglich dieser vier Dimensionen eine Präferenz, die man durch Selbstbeobachtung und Selbstbeurteilung feststellen kann.*

**30 MINUTEN**

Können Sie Ihren bevorzugten Arbeitsstil und Ihren bevorzugten Kommunikationsstil nennen?

Seite 40

Wissen Sie, wie Sie die Unterschiede in den Präferenzen Ihrer Mitarbeiter für effektive Teamarbeit nutzen?

Seite 42

Kennen Sie den Weg zur effektiven Problemlösung?

Seite 46

# 3. Wie sich Präferenzen am Arbeitsplatz auswirken

Der Umgang mit verschiedenen Persönlichkeiten bestimmt in vielen Bereichen unser Leben – so auch im beruflichen Umfeld. Die folgenden Praxisanwendungen stellen mögliche Konsequenzen dar, die sich aus den Ergebnissen der ermittelten Präferenzen ergeben.

## 3.1 Praxisanwendungen

Es ist immer wieder faszinierend: Menschen, die mit dem MBTI ihren Persönlichkeitstyp bestimmt haben, können spontan zahlreiche Situationen schildern, in denen ihr Verhalten dem festgestellten Typ entsprochen hat. Solche Beispiele sind sehr wertvoll, zeigen sie doch die Praxisrelevanz des MBTI auf und belegen, dass sich Präferenzen tatsächlich im Alltag auswirken. Bei der Umsetzung in die Praxis gilt folgende Grundregel: Nutzen Sie Ihre Stärken! Denn unsere Erfahrung zeigt, dass Sie dann erfolgreich sind, wenn Sie im Alltag den Stil „leben" und aktualisieren, der Ihren Präferenzen entspricht.

Gleichzeitig stellen wir immer wieder fest, wie oft Personen sich beklagen, dass sie insbesondere in ihrem beruflichen Umfeld nicht die Möglichkeit haben, sich ihren Präferenzen gemäß zu entfalten. Wenn es Ihnen auch so geht, können Sie die folgenden Ausführungen nutzen, um z. B. in Ihrem Unternehmen darauf hinzuweisen, dass es kontraproduktiv ist, wenn Mitarbeiter sich an Ihrem Arbeitsplatz nicht ihren Anlagen gemäß entwickeln können. Und bei der Wahrnehmung Ihrer Führungsverantwortung sollten Sie die Voraussetzungen dafür schaffen, dass Ihre Mitarbeiter in ihrem Tätigkeitsfeld ihren Präferenzen gemäß arbeiten und handeln können.

Aus dem Miteinander in der täglichen Praxis ergeben sich viele unterschiedliche Anwendungsbereiche für den MBTI:

### *Arbeitsstile*

Der MBTI ermöglicht Aussagen über bevorzugte Lern- und Arbeitsstile. Mit ihm können Sie feststellen, welchen Arbeitsstil Sie selbst, aber auch Mitarbeiter und Kollegen bevorzugen. Das ermöglicht eine Ansprache, die den Arbeitsstil von Mitarbeitern berücksichtigt (siehe S. 40).

### Zusammenarbeit im Team

Wenn die Persönlichkeitsprofile von Teammitgliedern bekannt sind, besteht die Möglichkeit, zu einer besseren Zusammenarbeit zwischen den Teammitgliedern zu gelangen und gleichzeitig die Effektivität und die potentiellen Entwicklungsbereiche des gesamten Teams zu erhöhen.

Zudem können Schwächen in der Zusammenarbeit analysiert werden. So kann sich z. B. die Überbetonung von logischen und analytischen Entscheidungen in einem Team, in dem mehrere solcher Persönlichkeitstypen versammelt sind, dazu führen, dass die persönlichen Werte der Teammitglieder zu wenig Berücksichtigung finden. Anderes Beispiel: Liegt der Fokus zu sehr auf der strategischen Arbeit, droht die Vernachlässigung der sauberen Implementierung. In beiden Fällen droht die Teamperformance zu leiden (siehe S. 42).

### Veränderungsprozesse

Personen mit unterschiedlichen Persönlichkeitsprofilen neigen dazu, mit Veränderungsprozessen unterschiedlich umzugehen. Wenn die Verantwortlichen in einer Organisation dies erkennen, können negative Auswirkungen dieser Unterschiedlichkeit auf den Veränderungsprozess abgefangen werden. Oder die Unterschiede werden genutzt, um den Veränderungsprozess voranzutreiben (siehe S. 48).

## Kommunikation

Der MBTI erlaubt konkrete Aussagen über den eigenen Kommunikationsstil und den anderer Menschen. Somit kann er zur Verbesserung der Kommunikation zwischen Menschen und im Team führen. Wer den eigenen und den Kommunikationsstil des Gegenübers kennt, erhält wertvolle Hinweise zum angemessenen Umgang mit dem anderen. Zudem kann der MBTI bei der Analyse von Konflikten innerhalb einer Beziehung oder Partnerschaft nützlich sein, etwa wenn individuelle Unterschiede und eine unterschiedliche Wertschätzung anderer Persönlichkeiten vorhanden sind (siehe Tabellen auf S. 39, 47/48 und S. 50).

## Entwicklung von Führungspersonen

Selbstwahrnehmung und Reflexion sind die Basis für erfolgreiches Führen. Ein Verständnis für die Auswirkungen des persönlichen (Führungs-)Stils auf die Motivation und das Commitment der zu führenden Mitarbeiter ist enorm wichtig. Fundierte Kenntnisse über das eigene Persönlichkeitsprofil helfen Führungspersonen bei der Analyse persönlicher Stärken und Schwächen sowie bei der Klärung des eigenen Entscheidungsstils und dessen Auswirkungen auf andere (siehe S. 53).

## Tabelle 2: Ihr bevorzugter Kommunikationsstil

### Extraversion
- energisch; begeisternd; reagieren rasch; Sprechdenker
- suchen Gelegenheiten zur persönlichen Kommunikation

### Introversion
- behalten Begeisterung für sich; denken nach, bevor sie reagieren
- bevorzugen Einzelgespräche und schriftliche Kommunikation

### Sensitives Empfinden
- benötigen Informationsfakten, suchen Praxisbezug der Information
- in Gesprächen strukturiert; folgen Tagesordnung in Besprechungen

### INtuition
- vom Allgemeinen zum Konkreten; wollen Zukünftiges berücksichtigen
- indirekte Herangehensweise; sehen Tagesordnung vom Ausgangspunkt her

### Thinking/Denken
- kurz & bündig; betrachten Für und Wider; Emotionen sekundär
- intellektuell kritisch und objektiv; sachliche Argumente überzeugen

### Fühlen
- bevorzugen persönliche Art; suchen Übereinstimmung
- betrachten Auswirkungen auf Werte und Menschen; Objektivität sekundär

### Judging/Urteilen
- suchen Einigkeit über (Zeit-)Plan; wollen Verlässlichkeit
- konzentrieren sich auf Zweck, Richtung und Aufgabenerledigung

### Perceiving/Wahrnehmen
- meiden Einengung durch Zeitpläne; passen sich Überraschungen an
- reagieren situativ; konzentrieren sich auf Besprechungsprozess

*Der MBTI wird in der Praxis eingesetzt, um Arbeitsstile zu harmonisieren, Teamarbeit zu verbessern, Veränderungsprozesse zu unterstützen und Kommunikationsabläufe zu optimieren. Zudem dient er der Führungskräfteentwicklung.*

## 3.2 Mit bevorzugtem Arbeitsstil effektiv sein

Unterschiedliche Typen organisieren ihre Arbeit auf unterschiedliche Art und Weise. Die Kenntnis des eigenen Lern- und Arbeitsstils ermöglicht es, die eigenen Stärken zu nutzen und ihn dann insbesondere bei der selbst bestimmten Arbeit entsprechend einzusetzen. Aber auch bei „vorgegebenen" Aufgaben hilft Ihnen diese Kenntnis weiter: Denn dann wissen Sie, dass Ihnen diese Aufgaben wahrscheinlich nicht so leicht von der Hand gehen und Sie für die Erledigung mehr Zeit und Energie benötigen.

Jede Präferenz hat Auswirkungen auf den jeweiligen Lern- und Arbeitsstil – insbesondere auf der Wahrnehmungsebene aber gibt es elementare Unterschiede zwischen S-Typen (Sensitives Empfinden) und N-Typen (Intuition). So drückt sich der N-Typ oft durch Metaphern oder symbolische Sprache aus und nutzt assoziative Gedankengänge. Der S-Typ dagegen gibt konkrete Beispiele, schildert gerne Details und versucht Schritt für Schritt auf eine Schlussfolgerung hinzuarbeiten.

Auch bei der Delegation von Aufgaben sollte der jeweilige Arbeitsstil berücksichtigt werden. Wenn jemand gerne Ad-hoc-Probleme löst, ist es sinnvoll, ihn als Trouble-Shooter einzusetzen. Jemand, der gerne schriftlich detaillierte Datenanalysen erarbeitet, sollte nicht unbedingt zum kreativen Gruppenworkshop zur Visionserarbeitung eingeladen werden.

## Tabelle 3: Ihr bevorzugter Arbeitsstil

**Extraversion**
- beteiligen sich aktiv; werden schnell ungeduldig; interessieren sich auch für andere(s)
- handeln (zu) schnell; Zusammenarbeit inspiriert sie; arbeiten gerne im Team

**Sensitives Empfinden**
- erfahrungsorientiert; Standardlösungen; pragmatisch; detailbezogen
- setzen gerne Bestehendes fort; strukturiert; zeitlich planvoll

**Thinking/Denken**
- logisch analytisch, eher aufgabenorientiert statt personenbezogen
- entscheiden unpersönlich; kritikfähig; suchen Anerkennung

**Judging/Urteilen**
- organisierend; planvoll; zielorientiert; entscheiden schnell
- streben nach Strukturen und Zeitplänen; arbeiten mit Listen

**Introversion**
- brauchen ruhige Umgebung für konzentriertes, ausdauerndes Arbeiten
- Interesse an Fakten; brauchen Bedenkzeit vor Handlungen; arbeiten allein oder im kleinen Team

**INtuition**
- mögen Komplexes und Herausforderungen; übersehen Fakten leicht
- schätzen Innovatives; haben Überblick; folgen Eingebungen spontan

**Fühlen**
- wertebezogen; harmonisch zusammenarbeitend, wertschätzend
- mitfühlend; konzentrieren sich auf Menschen

**Perceiving/Wahrnehmen**
- brauchen Flexibilität; beziehen andere gerne ein; anpassungsfähig
- offen für neue Erfahrungen; fühlen sich von Strukturen eingeengt

Tabelle 3 stellt die unterschiedlichen Lern- und Arbeitsstile vor. Überprüfen Sie, welcher Stil Ihrem bevorzugten Arbeitsstil entspricht. Denken Sie dabei daran, dass jeder auch Fertigkeiten in den nicht bevorzugten Bereichen entwickeln kann, nach Jung aber erreichen wir dann das Beste, wenn wir unsere Präferenzen einsetzen!

**30** *Jeder Typ hat einen unterschiedlichen Lern- und Arbeitsstil. Identifizieren Sie Ihren persönlichen Stil, denn er hilft schnell und effektiv zu arbeiten. Sollten Sie in Ihrem Alltag gezwungen sein, gegen Ihre Präferenzen zu arbeiten, überlegen Sie, welche Änderungen möglich sind.*

## 3.3 Mitarbeiter in Teams und Projektarbeit richtig einsetzen

Nicht immer gestaltet sich die Zusammenarbeit mit anderen so einfach, wie man es sich wünscht. Das liegt mitunter an der zu lösenden Aufgabe, oft aber auch an den unterschiedlichen Präferenzen und Persönlichkeitsprofilen der Teammitglieder. Dabei sind zwei Ebenen zu unterscheiden:

- die gruppendynamische Ebene, also die Beziehungen der Teammitglieder untereinander, und

- die teamdynamische Ebene der Problemlösung.

Bei gruppendynamischen Prozessen geht es den Beteiligten um die Klärung der Beziehungen untereinander. Bei der Arbeit mit dem MBTI ist häufig festzustellen, dass Menschen den Umgang mit anderen Personen des gleichen Typs als einfacher beschreiben. Sie empfinden diese als sympathischer. Negative Eigenschaften hingegen werden eher Personen zugeordnet, die eine entgegengesetzte Präferenz besitzen. Das ist zwar „menschlich", birgt aber eine Menge Konfliktstoff. Hilfreich ist es dann, sich auf eine empathische Grundeinstellung zu besinnen und das Anderssein des anderen zu akzeptieren.

Bei der Zusammenarbeit im Team steht nicht die Beziehung zu anderen Personen im Vordergrund. Wichtig ist nicht, ob ich den anderen sympathisch oder unsympathisch finde. Vielmehr geht es primär um das optimale Lösen einer Aufgabe. Dabei gilt: Jemand verhält sich genau dann teamfähig, wenn er die eigenen Interessen und Bedürfnisse der Aufgabenlösung unterordnet.

Gruppendynamik umfasst die Klärung von Beziehungen, Teamdynamik das Lösen von Problemen: Diese Unterscheidung ist wichtig, wenn man sich die Zusammenarbeit von Arbeitsgruppen und -teams vor Augen hält. Bezüglich des Ergebnisses oder der Performance einer Aufgabe ist die Zusammenarbeit von Personen durch verschiedene Stadien gekennzeichnet.

1. Klassische Form der Zusammenarbeit als Arbeitsgruppe: Einzelne Aufgaben sind zugeteilt, die Beziehungen zu den anderen Mitgliedern der Arbeitsgruppe werden geklärt.

2. Ein „Pseudo-Team" bildet sich heraus. Es versucht zwar, teamorientiert Probleme zu lösen, scheitert aber an den gruppendynamischen Prozessen, bei denen die Klärung der „Beziehungskisten" im Vordergrund steht. Problemlösung und Ergebnisorientierung treten in den Hintergrund.

3. Erst wenn die Zusammenarbeit mehrheitlich durch die Problemlösung und nicht mehr durch die gruppendynamischen Prozesse gekennzeich-

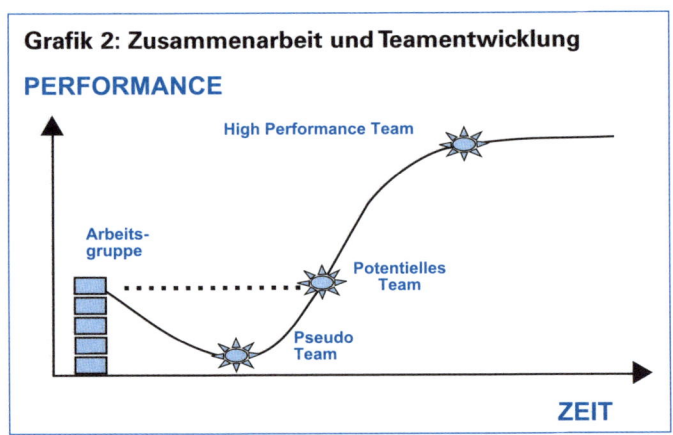

**Grafik 2: Zusammenarbeit und Teamentwicklung**

PERFORMANCE

High Performance Team

Arbeits-
gruppe

Potentielles
Team

Pseudo
Team

ZEIT

net ist, spricht man von einem potentiellen Team, das eine entsprechende Performance liefert.

4. Wird nun die Problemlösungs- und Teamfähigkeit ausgebaut, kann als „High Performance Team" ein entsprechendes Ergebnis erzielt werden.

Aufgabe der Teamentwicklung ist es also, die Beteiligten auf dem Weg zum High Performance Team zu begleiten. Dies setzt zum einen voraus, dass die verschiedenen Persönlichkeiten einander in ihrer Unterschiedlichkeit akzeptieren. Zum anderen sollten entsprechende Methoden der Problemlösung eingesetzt und dabei die Erkenntnisse genutzt werden, die sich aus der Analyse der Persönlichkeitsprofile der Teammitglieder ergeben. Dazu ein Beispiel: Jede Aufgabe erfordert in der Planungsphase zunächst die Analyse der Situation. Dabei sind auf der Ebene der Wahrnehmung die Fakten zusammenzustellen – eine ideale Aufgabe für den S-Typ! Dann können mit Hilfe der Intuition – hier sind N-Typen gefragt – verschiedene Problemlösungsmöglichkeiten erarbeitet werden – etwa in einem Brainstorming.

Im Anschluss daran werden auf der Entscheidungsebene mögliche Alternativen (logisch) analysiert. Diesen Arbeitsschritt übernimmt ein T-Typ. Zu guter Letzt erfolgt die Überprüfung der gewählten Alternativen hinsichtlich der individuellen Konsequenzen –

also ein Aspekt der Präferenz „Fühlen". Der F-Typ im Team kommt zu seinem Einsatz.

| Grafik 3: Der optimale Weg durch die Präferenzen zur effektiven Problemlösung | | |
|---|---|---|
| **Wahrneh-mungs-ebene** | **Sensitives Empfinden (S)** ➡ S-Typ analysiert die Situation und sammelt Daten und Fakten | **Intuition (N)** N-Typ sucht nach Lösungsmöglichkeiten und nutzt seine Vorstellungskraft. ↙ |
| **Entschei-dungs-ebene** | **Thinking/ Denken (T)** ➡ T-Typ nimmt logische Analyse aller Lösungsalternativen vor | **Fühlen (F)** F-Typ betrachtet die individuellen Konsequenzen der Lösungsansätze |

In der Regel werden Sie aufgrund Ihres Persönlichkeitsprofils in der Lage sein, auf jeden Fall je einen der Prozessschritte auf der Wahrnehmungs- und Entscheidungsebene zu leisten. Um aber zu einer optimalen Problemlösung zu gelangen, bedarf es auch der anderen Prozessschritte. Das heißt: Ein Team kann dann effektiv Problemlösungen erarbeiten, wenn es möglichst viele unterschiedliche Menschen mit unterschiedlichen, sich ergänzenden Präferenzen umfasst.

Im Team aber kann es immer wieder auch zu Unstimmigkeiten kommen. Tabelle 4 (S. 47/48) hilft Ihnen, mit schwierigen Situationen oder Konflikten umzugehen. Dabei sind insbesondere die Kombinationen aus den Dimensionen T/F bzw. J/P entscheidend, um sowohl den Entstehungsgrund als auch die Reaktion auf eine Konfliktsituation zu deuten.

*Für Teams oder Projektgruppen gilt: Menschen empfinden den Umgang mit Personen ihres eigenen Typs als einfacher. Effektive Problemlösung ist aber vor allem dann möglich, wenn die Teammitglieder unterschiedliche Präferenzen aufweisen und diese für die Teamarbeit genutzt werden.*

| Tabelle 4: Ihr Umgang mit Konflikten | |
|---|---|
| **TJ** | **TP** |
| • **Grund für Konflikte:** Umgang mit/durch Autorität | • **Grund für Konflikte:** fehlendes/enttäuschtes Vertrauen |
| • **gewünschtes Ergebnis:** rationale Konfliktlösung | • **gewünschtes Ergebnis:** Prozess- oder Verfahrensverbesserung |
| • **Emotionen:** bestreiten, dass es welche gibt | • **Emotionen:** ausschließen |
| • **Eindruck auf andere:** unbeeindruckt oder aggressiv | • **Eindruck auf andere:** Advocatus Diaboli |
| • **zufrieden, wenn** der Konflikt vorbei ist | • **zufrieden, wenn** das Ergebnis analysiert werden kann |

| FJ | FP |
|---|---|
| • **Grund für Konflikte:** unterschiedliche Überzeugung | • **Grund für Konflikte:** unterschiedliche Wertevorstellung |
| • **gewünschtes Ergebnis:** intakte Beziehungen | • **gewünschtes Ergebnis:** respektvoller Umgang, Zuhören |
| • **Emotionen:** sind Bestandteil des Konfliktes | • **Emotionen:** werden akzeptiert |
| • **Eindruck auf andere:** sucht Kommunikation und Harmonie | • **Eindruck auf andere:** berücksichtigt Werte und Bedenken anderer |
| • **zufrieden, wenn** es keinen bitteren Nachgeschmack gibt | • **zufrieden, wenn** es eine offene Aussprache gibt |

## 3.4 Mit Veränderungen angemessen umgehen

Das Umfeld vieler Unternehmen ist von teilweise einschneidenden Veränderungen gekennzeichnet, mit denen die Menschen sehr unterschiedlich umgehen. Der eine sieht in einem Change-Prozess eine Möglichkeit zur Weiterentwicklung, der andere eher die potentiellen Gefahren. Der dritte wiederum will die Situation für sich selbst erst einmal überdenken, der vierte den Change-Prozess zusammen mit anderen so rasch wie möglich angehen.

Dabei läuft jeweils – unabhängig von der individuellen Strategie, die Situation zu bewältigen – ein ähnlicher mentaler und psychischer Prozess ab: Die meisten Menschen haben bei Veränderungen zunächst einmal unangenehme Gefühle, denn sie bringen Unbekanntes mit sich. Sie sprechen dann von einer Belastung oder fühlen sich gestresst. Nur wer sich dieser Belastung stellt, kann verhindern, dass bei einem selbst oder bei den betroffenen Personen Angstgefühle entstehen. Und diese Angst kann so groß werden, dass man in die Stressfalle gerät. Dann ist man blockiert – ein Zustand, den die meisten Menschen bei Veränderungsprozessen fürchten und gerne verhindern wollen.

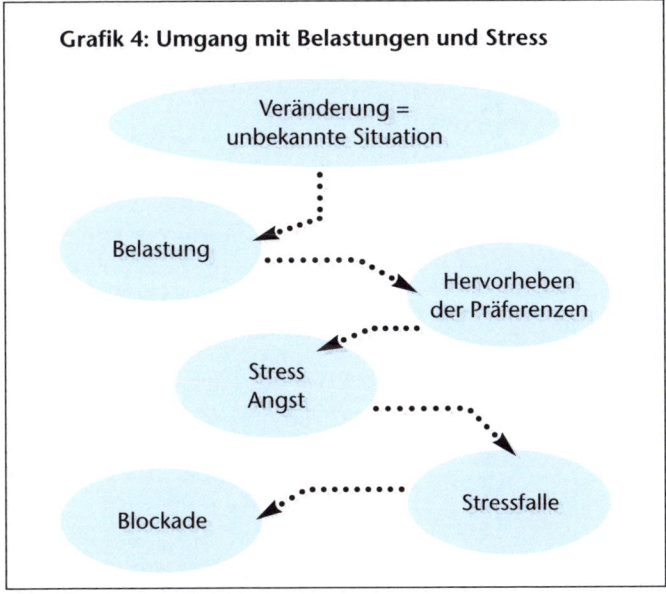

**Grafik 4: Umgang mit Belastungen und Stress**

Veränderung =
unbekannte Situation

Belastung

Hervorheben
der Präferenzen

Stress
Angst

Blockade

Stressfalle

Der MBTI bietet praktische Tipps zum Umgang mit Veränderungen. Menschen tendieren dazu, in schwierigen Situationen, die eine Belastung darstellen, ihre Präferenzen besonders deutlich einzusetzen. Wird die Belastung zu groß, droht die Stressfalle. Der Gestresste verändert sich – er selbst und seine Umgebung erkennen ihn kaum wieder. Wer sein Persönlichkeitsprofil kennt, kann rechtzeitig gegensteuern. Und wer weiß, warum sich ein anderer Mensch so und nicht anders in einem Change-Prozess verhält, kann sich darauf einstellen. Abhängig von ihren Präferenzen empfinden Menschen Situationen unterschiedlich. Dabei ist zum einen die Frage entscheidend, woher Menschen ihre Energie beziehen (Extraversion (E)/Introversion (I)), zum anderen aber auch, wie sie mit Informationen umgehen (Sensitives Empfinden (S)/Intuition (N)). Beim Umgang mit Veränderungen sind folgende Statements charakteristisch:

| Tabelle 5: Reaktionen auf Veränderungen | |
|---|---|
| **IS** – nachdenklicher Realist: „Bitte bei allem nicht das Bewährte ganz vergessen!" | **IN** – nachdenklicher Neuerer: „Sehen wir die Sache doch mal von einer anderen Seite!" |
| **ES** – Auf die Tat gerichteter Realist: „Packen wir es an!" | **EN** – Auf die Tat gerichteter Neuerer: „Machen wir es mal ganz anders!" |

Mottos teilweise übernommen aus: Earle C. Page: Organizational Tendencies. Center for Applications of Psychological Type, 1985

Entscheidend ist: Keine der Reaktionen ist die bessere oder die schlechtere. Wichtig ist, dass Sie diese Reaktionen bei sich selbst oder anderen akzeptieren, um nicht in der Stressfalle zu landen.

*Das MBTI®-Profil ermöglicht zahlreiche Praxisanwendungen im Umgang mit sich selbst und am Arbeitsplatz:*

**30**

- *So können die Arbeits- und Kommunikationsstile von Teammitgliedern aufeinander abgestimmt werden.*
- *Es erlaubt die Zusammenstellung effektiv arbeitender Teams, in denen sich die Stärken der unterschiedlichen Präferenzen ergänzen und zur optimalen Problemlösung führen.*
- *Für jeden Problemlösungsschritt kann der Mitarbeiter eingesetzt werden, der aufgrund seines Profils besonders dazu geeignet ist.*
- *Wer sein Persönlichkeitsprofil kennt, kann mit Veränderungen gezielt umgehen.*

# 30 MINUTEN

# 4. Die Performance der Persönlichkeit steigern

Der Fokus der Betrachtungen von C. G. Jung lag auf der Frage, wie Menschen wahrnehmen und urteilen. Die entsprechenden Ausprägungen lassen sich zunächst über die Funktionspaare ST, SF, NT und NF erfassen. Später werden wir die Betrachtung der Dimensionen „Wahrnehmen" und „Urteilen" um zwei weitere Dimensionen (Energiebezug und Umgang mit der Außenwelt) ergänzen und das dynamische Zusammenspiel aller vier Präferenzen darstellen. Aus beiden Betrachtungen können Sie Entwicklungschancen und weitere Schritte auf dem Weg zu mehr Profil-(ierung) durch die eigene Persönlichkeit ableiten.

## 4.1 Führungs- und Kommunikations-Kompetenz verbessern

Der Vier-Buchstaben-Code, den Sie für sich ermittelt haben (siehe S. 32), zeigt Ihnen, wie Sie in unterschiedlichen Lebenssituationen reagieren werden und wie Ihr Verhalten auf andere wirkt. Kennen Sie Ihre Stärken, können Sie sie sinnvoll in Führungssituationen, Verkaufsverhandlungen oder Teamsituationen einsetzen.

Beachten Sie dabei: Alle Menschen haben die Fähigkeit, in allen genannten Situationen erfolgreich zu sein. Obwohl prinzipiell jeder in jeder Rolle erfolgreich sein kann, neigen die meisten Menschen doch dazu, sich von bestimmten Verhaltensweisen oder Situationen eher angesprochen zu fühlen. Sie handeln offensichtlich dann am sichersten, wenn sie sich im Rahmen ihrer Präferenzen bewegen.

Nun gilt dies nicht nur für Sie selbst, sondern auch für jeden anderen Menschen. So ist es unvermeidlich, dass sich unterschiedliche Typen unterschiedlich zu profilieren versuchen. Dabei empfinden wir den anderen „Typ" nicht selten als den „unangenehmeren Typ". Wenn Sie wissen, zu welchem Persönlichkeitstyp eine Person gehört, die Sie als unangenehm empfinden, und einschätzen können, wie Sie sie trotzdem überzeugen und effektiv mit ihr kommunizieren können, lassen sich auch Konflikte eher bewältigen.

Ob Führung oder Vertrieb, ob Familie oder Beruf: Wann immer unterschiedliche Interessen und Erwartungen aufeinandertreffen, ist die Gefahr von unerwünschten Konflikten und schwierigen Gesprächssituationen groß. Wenn Sie Ihre Präferenzen und die Ihres Gegenübers kennen, können Sie Ihre Erwartungen viel leichter den Realitäten anpassen und Ihre Handlungen darauf abstellen.

Dieses Wissen ermöglicht ein Verhalten, welches zur Erreichung der eigenen Ziele nicht primär die eigenen Bedürfnisse in den Mittelpunkt kommunikativer Strategien stellt, sondern die Interessen, Erwartungen und Werte des anderen.

Im Führungsprozess zum Beispiel ist zu beachten, dass Sie selbst einen bestimmten Führungsstil pflegen, aber auch eine bestimmte Art von Führung durch Ihren Vorgesetzten bevorzugen. Es gilt: „Gleich und gleich gesellt sich gern". Allerdings kann dies zu einseitigen Sichtweisen führen, man wird auf dem „anderen Auge" blind.

Nicht nur in der Führungslehre finden die Ergebnisse des MBTI Anwendung. Trainer und Berater können die Typologie zur Entwicklung von Menschen nutzen. Die Kenntnisse über das bevorzugte Lernverhalten ihrer Seminarteilnehmer unterstützen sie dabei, diesen bei der Lernzielerreichung zu helfen. Trainer können sich leichter auf unterschiedliche Teilnehmer einstellen.

| Tabelle 6: Gesprächsführung | |
|---|---|
| **ST** | **SF** |
| **Führungsstil**<br>• effektiver Organisator<br>• handlungsorientiert<br><br>**Zu überzeugen durch**<br>• Fakten und sachliche Beantwortung von Fragen | **Führungsstil**<br>• freundlicher Gesprächspartner<br>• bedürfnisorientiert<br>**Zu überzeugen durch**<br>• Darstellung von Nutzenargumenten |
| **NT** | **NF** |
| **Führungsstil**<br>• konzeptioneller Planer<br>• möglichkeitsorientiert<br>**Zu überzeugen durch**<br>• Darlegung theoretischer Hintergründe und Kompetenz | **Führungsstil**<br>• kollegiale Persönlichkeit<br>• motivationsorientiert<br>**Zu überzeugen durch**<br>• Beziehungsebene zur Sprache bringen |

Bei der Berufswahl können bestimmte Kombinationen der Dimensionen „Wahrnehmen" und „Entscheiden" Einfluss haben auf berufliche Interessen. Diese unterschiedlichen Interessen in einem Beratungsgespräch einmal anzusprechen und zu priorisieren, ist in der Berufsberatung, aber auch in der Ehe- oder Familienberatung von großem Nutzen.

*Bei guter Persönlichkeitsentwicklung geht es NICHT darum, alle mentalen Prozesse gleich entwickelt zu haben oder gleich gekonnt einzusetzen. Vielmehr geht es darum zu lernen, die Funktionen des Wahrnehmens und Entscheidens angemessen einzusetzen, aber dabei eine klare Rangfolge der Präferenz beizubehalten.*

## 4.2 Die Persönlichkeit ganzheitlich entwickeln

Die Aussagen, die sich aufgrund der vier Funktionspaare treffen lassen, reichen oft nicht aus, um eine detaillierte Persönlichkeitsanalyse vorzunehmen. Die Funktionspaare ST, SF, NT, NF sind in ihrer Einfachheit als erster Anhaltspunkt zwar gut verwertbar. Vereinfachung bedeutet aber meist auch Verkürzung. So zeigt die Kombination ST nicht an, ob nun sinnliche Wahrnehmung (S) oder analytische Beurteilung (T) die eigentlich stärkste Präferenz bei einem Menschen darstellt.
Wenn man diese Präferenz innerhalb eines bevorzugten Funktionspaars näher kennen lernen und

womöglich auch noch wissen möchte, woher eine Person ihre Energie bezieht, muss man tiefer in die Auswertung einsteigen. So kann es gelingen, eine Reihenfolge der Präferenzen vorherzusagen und für die weitere Entwicklung zu nutzen. Diese Reihenfolge finden Sie in Ihrer Typbeschreibung ab Seite 69 in folgender Form:

| $S_I$ | Detail-Analyse Primäre | $T_E$ | Sachliches Urteil Sekundäre | F | Harmonisches Urteil Tertiäre | $N_E$ | Überblick und Ideen Inferiore |
|---|---|---|---|---|---|---|---|

Dabei sind die Funktionen in der Reihenfolge aufgelistet, wie sie für Ihren Typ zur Anwendung kommen. Es ergibt sich eine Hierarchie Ihrer Präferenzen. Das Zustandekommen dieser Reihenfolge kann für das allgemeine Verständnis an dieser Stelle vernachlässigt werden. Was aber ergibt sich aus dieser Hierarchie?

Nun, sie zeigt, dass alle Funktionen dynamisch ineinander wirken und es eine Entwicklung in den Präferenzen gibt. Und sie zeigt, dass das Zusammenspiel der Funktionen einen wesentlichen Einfluss darauf hat, ob jemand Erfolg oder Misserfolg hat. Die Bedeutung der Funktionen lässt sich gut an einem Beispiel verdeutlichen: Versetzen Sie sich einmal gedanklich in ein fahrendes Auto und beobachten Sie das Zusammenspiel der vier Insassen:

## Die dominante Funktion

wird durch den Fahrer repräsentiert. Er fährt das Auto, er bestimmt Fahrtrichtung, Geschwindigkeit, Pausen, Regeleinhaltung und Regelüberschreitung. Menschen setzen diese stärkste Funktion bevorzugt in dem Bereich ein, aus dem sie ihre Energie beziehen. Bei Extraversion (E) geschieht dies – für alle sofort merkbar – in der Außenwelt: vergleichbar dem erzählenden und gestikulierenden Fahrer. Bei Introversion (I) findet die dominante Funktion ihre Anwendung in der Innenwelt eines Menschen. Das bedeutet, dass diese Person oft erst über die Situation reflektiert, bevor sie sich nach außen hin „äußert". Dann aber überrascht sie ihre Umwelt mit überwiegend genauen und passenden Äußerungen. Dies ist vergleichbar mit der detaillierten und einprägsamen Reisebeschreibung des Fahrers nach der Ankunft.

Nicht selten entstehen so Schwierigkeiten für externe Beobachter, z. B. bei Assessments. Der Beobachter „sieht" in der konkreten Situation nicht, was in der introvertierten dominanten Funktion des beobachteten Menschen vor sich geht. Die kleinen Buchstaben $_E$ und $_I$ in der Typbeschreibung kennzeichnen diese Ausrichtung der Energie nach außen bzw. innen. Somit gibt es also zu jeder Funktion immer zwei Ausrichtungen, z. B. Fühlen (F) als $F_E$ und $F_I$ – abhängig davon, ob eine Person nach außen hin sich äußert ($F_E$) oder nach innen hin reflektiert ($F_I$).

### Die sekundäre Funktion

wird durch den Beifahrer repräsentiert. Dieser liest die Landkarten, achtet mit auf Verkehrsschilder und „unterstützt" den Fahrer beim Lenken des Autos. Da ein Mensch bei seinen Handlungen immer beide Aspekte – Wahrnehmen und Urteilen – benötigt, unterstützt die sekundäre Funktion, auch Hilfsfunktion genannt, die dominante Funktion. Ist also die erste Funktion auf das Wahrnehmen ausgerichtet, „kümmert" sich die zweite um das Urteilen – oder umgekehrt.

### Die tertiäre Funktion

ist vergleichbar mit einem pubertierenden Jugendlichen auf dem Rücksitz hinter dem Beifahrer. Zeigt er sich am Geschehen oft eher uninteressiert, gibt er doch oft auch brauchbare Kommentare von sich. Eindeutig jedoch ist diese tertiäre Funktion noch entwicklungsbedürftig.

### Die vierte oder inferiore Funktion

spiegelt das Verhalten des, hoffentlich, im Kindersitz liegenden Säuglings wider, der mit Sicherheit während einer längeren Fahrt irgendwann einmal schreit, den Fahrer damit fürchterlich nervt, aber nicht so leicht ruhiggestellt werden kann – zumindest so lange, bis er von selbst einschläft.

Wir wissen oft nicht viel über diese vierte und damit

am wenigsten bevorzugte (inferiore) Funktion. Nach der Jung'schen Psychologie liegt das Inferiore eher im persönlich Unbewussten. Es beinhaltet oft das, was ein Mensch an sich selbst nicht wahrnehmen will, was seinem Ideal-Ich nicht entspricht, ja, ihm oft sogar widerspricht. Nicht selten projiziert man gerade diese unbewussten Merkmale vorwurfsvoll auf andere, die diese Eigenschaften bei sich einfach zulassen. Gelingt es, die inferiore Funktion bewusster wahrzunehmen, und ist man bereit, sie quasi zu begrüßen, wenn sie sich meldet, liegt in ihr eine große Chance zur persönlichen Entwicklung. Denn nun kann man sein Unbewusstes für die persönliche Weiterentwicklung fruchtbar nutzen. Die inferiore Funktion kommt vor allem bei starkem Stress zum Vorschein. Sie äußert sich dann oft auffallend und negativ.

*Wer seine Kenntnisse über sein Persönlichkeitsprofil vertiefen möchte, muss seine dominante, sekundäre, tertiäre und inferiore Funktion feststellen. Besondere Bedeutung hat die inferiore Funktion, da sie das umfasst, was ein Mensch in aller Regel nicht an sich wahrhaben möchte, und somit eine große Chance zur Weiterentwicklung bietet.*

**30**

# 4.3 Strategien zur Stressbewältigung ergreifen

Der MBTI ermöglicht Aussagen darüber, welche Aufgaben oder Situationen bei den Persönlichkeitstypen mit besonderem Stress verbunden sind. Außerdem können so Vorhersagen über die wahrscheinlichen Reaktionen der verschiedenen Typen auf Stresssituationen getroffen werden. Schließlich kann man mit Hilfe der Typentheorie für einen bestimmten Typ uncharakteristische Reaktionen auf Stresssituationen erklären, die bei vielen Menschen immer wieder zu beobachten sind. Bei diesen „Ausbrüchen" spricht man auch davon, dass sich jemand „in der Stressfalle" seiner inferioren Funktion befindet, diese Funktion also die Kontrolle übernimmt (der „schreiende Säugling" in uns).

Wenn Sie eine Stresssituation erleben, durchlaufen Sie in der Regel folgende Phasen:

1. Zunächst versuchen Sie der Situation „Herr zu werden", indem Sie die Präferenzen Ihres Persönlichkeitstyps stärker einsetzen. Dies kann dazu führen, dass Ihre ansonsten ausgeglichene Persönlichkeit aus den Fugen gerät. Ihre dominante Funktion übernimmt in manchmal zwanghafter und unreifer Art und Weise die Kontrolle über Ihre Persönlichkeit.

2. Im nächsten Stadium kommt die inferiore Funktion stärker hervor. Sie übernimmt die Kontrolle. Nun befinden Sie sich in der „Stressfalle" Ihrer inferioren Funktion. Bei extravertierten Typen E findet dieser Prozess in der Innenwelt (von außen eher unbemerkt) statt, bei introvertierten Typen I in der Außenwelt. So versetzen introvertierte Menschen, die plötzlich und unerwartet sehr außengerichtet reagieren, ihre Umgebung oft in Erstaunen.

Meistens legen Menschen, die sich in der Stressfalle befinden, ein völlig untypisches Verhalten an den Tag. Dann sind Äußerungen zu hören wie: „Ich weiß gar nicht, was über mich gekommen ist!" oder: „Ich stand einfach neben mir!".

**Tabelle 7: Stressverhalten**

**Menschen, die unter starkem Stress stehen,**

- verstehen keinen Spaß,
- verhalten sich irrational, „sind nicht sie selbst",
- erkennen ihr irrationales Verhalten oft nicht und
- brauchen meist Unterstützung und Hilfe von außen, um aus der Stressfalle wieder herauszukommen.

Einige Beispiele verdeutlichen, wie verschiedene Funktionen zur Geltung kommen, wenn die inferiore Funktion einen Menschen „im Griff" hat:

- **inferiore Funktion S** (Sensitives Empfinden) bei einem N-Typ: zwanghafte Besessenheit von Details („Tunnelblick") und/oder ein extremes Verlangen nach körperlichen Sinneserfahrungen, verlieren sich in Kleinigkeiten oder sind übersensibel,
- **inferiore Funktion N** (Intuition) bei einem S-Typ: zerstörerische und/oder pessimistische Konzentration auf die Zukunft. Wirken unproduktiv, kommen schnell ins Grübeln, verlieren sich im „Weltschmerz",
- **inferiore Funktion T** (Thinking/Denken) bei einem F-Typ: stark vereinfachte, unangemessene Entscheidungen und/oder inkompetente Anwendung von Logik. Fahren anderen über den Mund, wirken überheblich, sind verletzend oder kalt,
- **inferiore Funktion F** (Fühlen) bei einem T-Typ: überdimensional starke emotionale Sensibilität und/oder Selbstmitleid. Sind unbeherrscht, „gehen schnell in die Luft" oder wirken überschwänglich.

Wie aber können Sie sich aus der Stressfalle befreien? Eine einfache Strategie, wie Sie sich der Gewalt der inferioren Funktion entledigen, besteht in der Energieerneuerung durch Schlaf. Oder Sie legen zumindest eine kurze bewusste Pause ein. Aber auch

Sport oder sonstige körperliche Aktivitäten helfen dabei.

Auch kann der bewusste Einsatz der Hilfsfunktion (sekundäre Funktion – der „Beifahrer") Rettung bringen. Manchmal aber ist der in der Stressfalle gefangene Mensch alleine nicht mehr in der Lage sich selbst zu helfen – dann ist ein Anstoß von außen notwendig.

Bitte beachten Sie: Die inferiore Funktion drückt sich (in der Innen- und Außenwelt) auf kindische, verzerrte und oft inakzeptable Weise aus. Sie unterscheidet sich also deutlich von der dominanten Funktion, die gezielt eingesetzt werden kann.

- *Mit dem MBTI lassen sich Führungs- und Kommunikationsprozesse optimieren: Führungskräfte stimmen ihren Führungsstil auf die Persönlichkeitsprofile ihrer Mitarbeiter ab, diese können ihre Vorgesetzten besser einschätzen.*

- *Präferenzen und Funktionen lassen sich in eine Hierarchie bringen: Besonders wichtig sind die dominante und die inferiore Funktion.*
- *Allein die Kenntnis der inferioren Funktion hilft bei der Stressbewältigung. Hinzu kommen Strategien wie Energieerneuerung oder Sport.*
- *Grundsätzlich sollte angestrebt werden, sich stets im Rahmen seiner Präferenzen zu bewegen.*

**30 MINUTEN**

# 5. Die persönliche Entwicklung vorantreiben

Sie haben auf S. 32 Ihren persönlichen Vier-Buchstaben-Code bestimmt. Wir stellen Ihnen eine detaillierte Zusammenfassung der Merkmale vor, die mit den Persönlichkeitstypen in Verbindung gebracht werden.

## 5.1 Die Typbeschreibungen im Detail

Bedenken Sie bitte, dass Sie bisher nur von einer Selbsteinschätzung ausgehen und nicht von einem Fragebogenergebnis. Lesen Sie deshalb auch die Ausführungen zu „angrenzenden" Typen. Prüfen Sie, welche Problemlösungsstrategie und Entwicklungschancen Sie ergreifen wollen.

## Tabelle 8: Typbeschreibungen im Überblick

| | ISTJ | ISFJ | INFJ | INTJ |
|---|---|---|---|---|
| **INTRO-VERTIERTE** | Seite 69 | Seite 70 | Seite 71 | Seite 72 |
| | ISTP | ISFP | INFP | INTP |
| **INTRO-VERTIERTE** | Seite 73 | Seite 74 | Seite 75 | Seite 76 |
| | ESTP | ESFP | ENFP | ENTP |
| **EXTRA-VERTIERTE** | Seite 77 | Seite 78 | Seite 79 | Seite 80 |
| | ESTJ | ESFJ | ENFJ | ENTJ |
| **EXTRA-VERTIERTE** | Seite 81 | Seite 82 | Seite 83 | Seite 84 |
| | | | | |

# ISTJ Introvertiertes Empfinden mit extravertiertem Denken

Der **ISTJ** erledigt Aufgaben durch:

| $S_i$ Detail-Analyse | $T_E$ Sachliches Urteil | F Harmoni-sches Urteil | $N_E$ Überblick und Ideen |
|---|---|---|---|
| *Primäre* | *Sekundäre* | *Tertiäre* | *Inferiore* |

## Ihre Stärken
- zuverlässig, gründlich, sachlich, realistisch,
- ausgeprägtes Verantwortungsgefühl
- zielorientiert, bringen Aufgaben zu Ende
- loyal in allen Beziehungen
- distanziert und vernünftig
- schätzen Organisationsstrukturen

## Ihre Problemlösungsstrategie
- Sie bevorzugen es, Sachverhalte genau zu analysieren.
- Entscheidungen treffen Sie mit einem Höchstmaß an Objektivität. Sie konzentrieren sich vornehmlich auf die Aufgabe, weniger auf Persönliches.

## Ihre möglichen Entwicklungsbereiche
Probieren Sie Alternativen häufiger aus, so können Sie sich etwas aus eingefahrenen Gleisen herausbewegen. Indem Sie häufiger das „menschliche Element" einbeziehen, lernen Sie andere besser verstehen und bringen neue Aspekte in Ihre eigenen Entscheidungsprozesse ein.

# ISFJ Introvertiertes Empfinden mit extra-vertiertem Fühlen

Der **ISFJ** erledigt Aufgaben durch:

| S<sub>I</sub> Detail-Analyse | F<sub>E</sub> Harmoni-sches Urteil | T Sachliches Urteil | N<sub>E</sub> Überblick und Ideen |
|---|---|---|---|
| *Primäre* | *Sekundäre* | *Tertiäre* | *Inferiore* |

## Ihre Stärken
- berücksichtigen die Bedürfnisse anderer Menschen
- engagieren sich für andere
- zeigen sich sehr verantwortungsbewusst
- beenden Aufgaben mit beständiger Energie
- arbeiten kooperativ zusammen
- zeigen sich praktisch und realistisch

## Ihre Problemlösungsstrategie
- Sie ergründen für Ihre Aufgaben Fakten.
- Sie achten darauf, dass die menschliche Komponente und Ihre persönlichen Werte nicht zu kurz kommen.

## Ihre möglichen Entwicklungsbereiche
Zeigen Sie sich offener für Neues und berufen Sie sich nicht so oft auf Ihre Erfahrungen. Sie berücksichtigen vornehmlich die Bedürfnisse anderer und laufen dabei Gefahr, die sachliche Seite aus den Augen zu verlieren.

# INFJ Introvertierte Intuition mit extravertiertem Fühlen

Der **INFJ** erledigt Aufgaben durch:

| $N_I$ Überblick und Ideen | $F_E$ Harmonisches Urteil | T Sachliches Urteil | $S_E$ Detail-Analyse |
|---|---|---|---|
| *Primäre* | *Sekundäre* | *Tertiäre* | *Inferiore* |

## Ihre Stärken
- zeigen Verständnis und Mitgefühl für andere
- hohes Verantwortungsbewusstsein
- starkes Durchhaltevermögen
- arbeiten zuverlässig und beständig
- integrieren Menschen und Aufgaben
- entwickeln visionäre Lösungen

## Ihre Problemlösungsstrategie
- Sie durchdenken komplexe Beziehungen zwischen Menschen, Sachverhalten und Aufgaben und inspirieren andere mit Ihren Visionen.
- Sie gewinnen andere Menschen für sich und streben gemeinsam mit ihnen optimale Ergebnisse an.

## Ihre möglichen Entwicklungsbereiche
Ihre Visionen sollten Sie verstärkt mit anderen überprüfen, um eine realistischere Einschätzung des Möglichen zu erzielen. Lassen Sie sich häufiger darauf ein, Feedback zu geben und zu erfragen. Nur Mut: Präsentieren Sie öfter Ihre Ideen, behaupten Sie sich!

# INTJ Introvertierte Intuition mit extravertiertem Denken

Der **INTJ** erledigt Aufgaben durch:

| $N_I$ Überblick und Ideen | $T_E$ Sachliches Urteil | F Harmonisches Urteil | $S_E$ Detail-Analyse |
|---|---|---|---|
| *Primäre* | *Sekundäre* | *Tertiäre* | *Inferiore* |

## Ihre Stärken
- visionär; erfassen das Abstrakte
- ausgeprägte konzeptionelle Fähigkeiten
- setzen Ideen in konkrete Maßnahmen um
- zielorientiert, räumen Hindernisse aus
- denken in großen Organisationsstrukturen
- liefern theoretische Einsichten

## Ihre Problemlösungsstrategie
- Sie setzen Ihre Visionen zur Verbesserung von Strategien, Systemen und Strukturen ein. Dazu sind Sie auch bereit, die Dinge völlig neu zu organisieren.
- Sie suchen die sachliche Kooperation mit allen Beteiligten und wollen zu kompetenten Ergebnissen gelangen.

## Ihre möglichen Entwicklungsbereiche
Fördern Sie die Zusammenarbeit mit anderen, indem Sie stärker Feedback und Ideen anderer Menschen erfragen. Entwickeln Sie mehr Aufmerksamkeit dafür, wie Ihre Ideen auf andere wirken. Lernen Sie, unter Umständen Ideen auch aufzugeben.

# ISTP Introvertiertes Denken mit extravertiertem Empfinden

Der **ISTP** erledigt Aufgaben durch:

| $T_I$ | Sachliches Urteil | $S_E$ | Detail-Analyse | N | Überblick und Ideen | $F_E$ | Harmonisches Urteil |
|---|---|---|---|---|---|---|---|
| | *Primäre* | | *Sekundäre* | | *Tertiäre* | | *Inferiore* |

## Ihre Stärken

- genießen Herausforderungen
- beobachten mit zurückhaltender Neugierde
- interessieren sich für Ursache und Wirkung
- zeigen sich tatsachenbewusst, realistisch
- wirken beruhigend in Krisensituationen
- arbeiten pragmatisch und unabhängig

## Ihre Problemlösungsstrategie

- Sie verlassen sich bei der Analyse von Problemen auf Ihre Logik und entwickeln faktenbezogene, pragmatische Lösungen.
- Sie handeln schnell, wenn Schwierigkeiten auftauchen, und berücksichtigen Tatsachen und Details.

## Ihre möglichen Entwicklungsbereiche

Tauschen Sie Ihre Ansichten und Ideen verstärkt mit anderen aus, lassen Sie sich dadurch anregen.

Setzen Sie sich Ziele, planen Sie und teilen Sie Ihre Energie ein, um mit mehr Ausdauer die gewünschten Ergebnisse zu erzielen.

# ISFP Introvertiertes Fühlen mit extravertiertem Empfinden

Der **ISFP** erledigt Aufgaben durch:

| $F_I$ | Harmonisches Urteil | $S_E$ | Detail-Analyse | N | Überblick und Ideen | $T_E$ | Sachliches Urteil |
|---|---|---|---|---|---|---|---|
| | *Primäre* | | *Sekundäre* | | *Tertiäre* | | *Inferiore* |

## Ihre Stärken
- rücksichtsvoll, einfühlsam
- kooperieren vertrauensvoll
- zeigen offene, flexible Herangehensweise
- koordinieren Menschen und Aufgaben
- beachten die Bedürfnisse der Menschen
- erfüllen Aufgaben mit Freude

## Ihre Problemlösungsstrategie
- Sie denken über das nach, was Ihnen und anderen wichtig ist. Dann entwickeln Sie auf der Grundlage von Bedürfnissen und Erfahrungen eine individuelle Lösung.
- Sie bringen Ihren Blick für Details und die Realität ein.

## Ihre möglichen Entwicklungsbereiche
Verhalten Sie sich etwas skeptischer gegenüber Informationen, analysieren Sie diese genauer. Lassen Sie sich darauf ein, aus Feedback und Konflikten zu lernen. Entwickeln Sie eine breitere Zukunftsperspektive und öffnen Sie sich dem Neuem und Ungewohnten.

# INFP Introvertiertes Fühlen mit extravertierter Intuition

Der **INFP** erledigt Aufgaben durch:

| $F_I$ | Harmonisches Urteil | $N_E$ | Überblick und Ideen | S | Detail-Analyse | $T_E$ | Sachliches Urteil |
|---|---|---|---|---|---|---|---|
| | *Primäre* | | *Sekundäre* | | *Tertiäre* | | *Inferiore* |

## Ihre Stärken
- aufgeschlossen, idealistisch, verständnisvoll
- fördern den Gemeinschaftssinn
- suchen nach neuen Ideen und Möglichkeiten
- genießen Kreativität in kleinen Gruppen
- wollen zu etwas Sinnvollem beitragen
- loyal, neugierig, flexibel

## Ihre Problemlösungsstrategie
- Sie erarbeiten konzentriert Lösungen, die auf einem gemeinsamen Werteverständnis aller Teammitglieder basieren.
- Mit anderen denken Sie darüber nach, was Ihnen wichtig ist, und entwickeln dann kreative Ideen im Team.

## Ihre möglichen Entwicklungsbereiche
Lernen Sie zu akzeptieren, dass nicht immer eine Ideallösung erzielt werden kann. Stellen Sie sich auf die Wirklichkeit ein, statt auf perfekte Gegebenheiten zu warten. Berücksichtigen Sie neben persönlichen Werten verstärkt Tatsachen und setzen Sie Ihre Aktionspläne konsequenter um.

## INTP Introvertiertes Denken mit extravertierter Intuition

Der **INTP** erledigt Aufgaben durch:

| $T_I$ Sachliches Urteil | $N_E$ Überblick und Ideen | S Detail-Analyse | $F_E$ Harmonisches Urteil |
|---|---|---|---|
| *Primäre* | *Sekundäre* | *Tertiäre* | *Inferiore* |

### Ihre Stärken
- unabhängiger Problemlöser
- rational, abstrakt denkend
- liefern intellektuelle Einsichten und Perspektiven
- konzentrieren sich auf die zentralen Themen
- denken logisch und analytisch
- unvoreingenommen und nachdenklich

### Ihre Problemlösungsstrategie
- Sie nutzen Ihre Logik zur Strukturierung von Problemen. Sie greifen auf Ihr Wissen zurück und dringen so zügig zum Kern der Sache vor.
- Sie sind neugierig und entwickeln gern verschiedene Optionen, wenn Ihnen Zeit und Raum zum Denken geboten werden.

### Ihre möglichen Entwicklungsbereiche
Schenken Sie bei der Umsetzung Ihrer Ideen den Details etwas mehr Beachtung. Gehen Sie auf den Input anderer Menschen stärker ein, würdigen Sie häufiger deren Anregungen.

# ESTP Extravertiertes Empfinden mit introvertiertem Denken

Der **ESTP** erledigt Aufgaben durch:

| S_E Detail-Analyse | T_I Sachliches Urteil | F Harmoni-sches Urteil | N_I Überblick und Ideen |
|---|---|---|---|
| *Primäre* | *Sekundäre* | *Tertiäre* | *Inferiore* |

## *Ihre Stärken*
- handlungsorientierter Pragmatiker
- energisch, vielseitig und realistisch
- flexibel und anpassungsfähig
- offen für neue Erfahrungen
- verhandlungsbereit, suchen Kompromisse
- aufmerksam bei Daten und Fakten

## *Ihre Problemlösungsstrategie*
- Sie schätzen Situationen schnell realistisch ein. Sie zeigen sich handlungsorientiert und übernehmen bei Krisen durchaus die Führung.
- Sie erarbeiten konkrete Lösungen und denken analytisch und rational.

## *Ihre möglichen Entwicklungsbereiche*
Berücksichtigen Sie die Bedürfnisse anderer Personen, insbesondere deren Gefühle, stärker, indem Sie über den Tellerrand der rationalen Aspekte hinausschauen. Geben Sie sich nicht vorschnell mit der ersten Lösung zufrieden.

# ESFP Extravertiertes Empfinden mit introvertiertem Fühlen

Der **ESFP** erledigt Aufgaben durch:

| $S_E$ Detail-Analyse *Primäre* | $F_I$ Harmonisches Urteil *Sekundäre* | T Sachliches Urteil *Tertiäre* | $N_I$ Überblick und Ideen *Inferiore* |
|---|---|---|---|

## *Ihre Stärken*
- genießen die Gegenwart
- bringen Energie und Begeisterung ein
- verbinden Menschen und Sachaspekte
- vermitteln anderen ein positives Bild
- akzeptieren menschliche Unterschiede
- wirken aufgeschlossen und integrierend

## *Ihre Problemlösungsstrategie*
- Sie suchen die realistische Einschätzung des Problems und konzentrieren sich auf die unmittelbare Sachlage.
- Sie beziehen die menschliche Komponente ein und fördern die effektive Zusammenarbeit im Team, indem Sie Differenzen ausräumen und Gegensätze vereinen.

## *Ihre möglichen Entwicklungsbereiche*
Logische Überlegungen im Entscheidungsprozess sollten Sie häufiger berücksichtigen. Versuchen Sie verstärkt, erst zu planen, zu priorisieren und dann umzusetzen. Verbessern Sie Ihr Projekt- und Zeitmanagement.

# ENFP Extravertierte Intuition mit introvertiertem Fühlen

Der **ENFP** erledigt Aufgaben durch:

| N$_E$ Überblick und Ideen | | F$_I$ Harmonisches Urteil | | T Sachliches Urteil | | S$_I$ Detail-Analyse | |
|---|---|---|---|---|---|---|---|
| | *Primäre* | | *Sekundäre* | | *Tertiäre* | | *Inferiore* |

## Ihre Stärken
- sehen die Notwendigkeit für Veränderungen
- Enthusiast, begeistern andere
- bringen Kreativität und Vorstellungskraft ein
- zeigen Anerkennung und Wertschätzung
- sehen Möglichkeiten, vor allem bei Menschen
- zeigen Anpassungsfähigkeit

## Ihre Problemlösungsstrategie
- Sie entwickeln kreative Lösungsmöglichkeiten und verlassen sich auf Ihr Improvisationstalent.
- Ihre Entscheidungen basieren auf persönlichen Werten. Sie unterstützen andere in ihrer Arbeit, indem Sie deren Motivation berücksichtigen.

## Ihre möglichen Entwicklungsbereiche
Erfassen Sie stärker die Details und konzentrieren Sie sich auch auf sie. Setzen Sie häufiger Prioritäten, die Sie dann auch berücksichtigen. Sie können Ihre Ergebnisse optimieren, indem Sie häufiger logisch und objektiv vorgehen.

# ENTP Extravertierte Intuition mit intro-vertiertem Denken

Der **ENTP** erledigt Aufgaben durch:

| $N_E$ Überblick und Ideen *Primäre* | $T_I$ Sachliches Urteil *Sekundäre* | F Harmoni-sches Urteil *Tertiäre* | $S_I$ Detail-Analyse *Inferiore* |
|---|---|---|---|

## Ihre Stärken
- suchen ständig nach Herausforderungen
- zeigen sich scharfsinnig, können vieles gut
- innovativ, phantasievoll und kreativ
- analytisch, logisch, rational und objektiv
- ergreifen die Initiative, wirken stimulierend
- entwerfen konzeptionelle Lösungen

## Ihre Problemlösungsstrategie
- Sie erarbeiten gern mit anderen Konzepte zur Lösung eines Problems.
- Sie gehen logisch und rational vor und loten die Vor- und Nachteile aus.

## Ihre möglichen Entwicklungsbereiche
Schenken Sie der aktuellen Situation mehr Beachtung und berücksichtigen Sie verstärkt die Beiträge anderer Personen. Setzen Sie Termine und Prioritäten realistisch und achten Sie stärker auf die tatsächliche Umsetzung innerhalb des Systems.

# ESTJ  Extravertiertes Denken mit intro-vertiertem Empfinden

Der **ESTJ** erledigt Aufgaben durch:

| $T_E$ Sachliches Urteil | $S_I$ Detail-Analyse | N Überblick und Ideen | $F_I$ Harmoni-sches Urteil |
|---|---|---|---|
| *Primäre* | *Sekundäre* | *Tertiäre* | *Inferiore* |

## *Ihre Stärken*
- organisieren Menschen, Projekte und Prozesse
- leben nach klaren Maßstäben und Werten
- praktisch, realistisch, sachlich, hartnäckig
- setzen Entscheidungen schnell um
- kommen direkt auf den Punkt
- arbeiten effizient, achten auf Zielerreichung

## *Ihre Problemlösungsstrategie*
- Sie analysieren wichtige Details logisch, treffen Ent-scheidungen zügig und steuern diesen Prozess aktiv.
- Sie nutzen bisherige Erfahrungen, um direkt zum Kern der Sache vorzudringen.

## *Ihre möglichen Entwicklungsbereiche*
Beachten Sie vor Entscheidungen verstärkt den „Faktor Mensch" und berücksichtigen Sie mehr die Bedürfnisse anderer. Zeigen Sie ruhig häufiger Ihre Wertschätzung für das Engagement anderer und nehmen Sie sich mehr Zeit, um Ihre eigenen Werte und Gefühle zu reflektieren.

## ESFJ Extravertiertes Fühlen mit introvertiertem Empfinden

Der **ESFJ** erledigt Aufgaben durch:

| $F_E$ | Harmonisches Urteil *Primäre* | $S_I$ | Detail-Analyse *Sekundäre* | N | Überblick und Ideen *Tertiäre* | $T_I$ | Sachliches Urteil *Inferiore* |
|---|---|---|---|---|---|---|---|

## Ihre Stärken
- organisieren gerne Beziehungen und Situationen
- hilfreich, ordnungsliebend, mitfühlend
- gewissenhaft, exakt, loyal
- guter Teamplayer, stellen andere zufrieden
- erledigen Aufgaben rechtzeitig und genau
- respektieren Regeln und Autorität

## Ihre Problemlösungsstrategie
- Sie beziehen Werte mit ein und überlegen, welche Auswirkungen Problemlösungen auf andere haben.
- Sie achten auf wichtige Details, bedenken Vorschriften und erledigen Aufgaben effizient.

## Ihre möglichen Entwicklungsbereiche
Achten Sie mehr auf Unterschiede und stellen Sie sich den Konflikten in dem Bewusstsein, daraus lernen zu können. Vernachlässigen Sie Ihre eigenen Bedürfnisse nicht. Begründen Sie Ihre Entscheidungen auch logisch.

# ENFJ Extravertiertes Fühlen mit introvertierter Intuition

Der **ENFJ** erledigt Aufgaben durch:

| $F_E$ Harmonisches Urteil *Primäre* | $N_I$ Überblick und Ideen *Sekundäre* | S Detail-Analyse *Tertiäre* | $T_I$ Sachliches Urteil *Inferiore* |
|---|---|---|---|

## Ihre Stärken
- verfügen über Einfühlungsvermögen für Bedürfnisse anderer
- fördern die Entwicklung anderer
- bringen Dinge zu einem positiven Abschluss
- verständnisvoll, tolerant, anerkennend
- sorgen für gute Kommunikation
- vermitteln Werteverständnis

## Ihre Problemlösungsstrategie
- Sie binden andere in die Entscheidungsfindung ein und achten darauf, Handeln und Werte in Einklang zu bringen.
- Sie regen notwendige Veränderungen an, formulieren eine Vision und berücksichtigen auch die Auswirkungen auf andere.

## Ihre möglichen Entwicklungsbereiche
Achten Sie verstärkt auf die Grenzen anderer Menschen und lernen Sie, produktiver mit Konflikten umzugehen. Verlieren Sie nicht den Blick für die Details und achten Sie stärker auf die Objektivität von Informationen, insbesondere wenn Sie Feedback geben.

# ENTJ Extravertiertes Denken mit intro-vertierter Intuition

Der **ENTJ** erledigt Aufgaben durch:

| $T_E$ | Sachliches Urteil | $N_I$ | Überblick und Ideen | S | Detail-Analyse | $F_I$ | Harmoni-sches Urteil |
|---|---|---|---|---|---|---|---|
| | *Primäre* | | *Sekundäre* | | *Tertiäre* | | *Inferiore* |

## Ihre Stärken
- entwickeln gut überlegte Pläne
- logisch, organisiert, strukturiert, objektiv
- vom eigenen Standpunkt überzeugt
- entschlossene Führungspersönlichkeit
- genießen die Zusammenarbeit
- übernehmen Verantwortung

## Ihre Problemlösungsstrategie
- Sie analysieren Situationen logisch, steuern sie dann nach Ihrem eigenen Verständnis und verfolgen die Umsetzung.
- Sie entwickeln Strategien zur Zielerreichung und strukturieren die Vielfältigkeit eigener Ideen.

## Ihre möglichen Entwicklungsbereiche
Zeigen Sie Ihre Wertschätzung für die Ideen anderer und berücksichtigen Sie diesen Input in Ihren Strategien. Überprüfen Sie häufiger vor Beginn der Umsetzung die Verfügbarkeit der benötigten Ressourcen.

# 5.2 Hinweise zur weiteren Analyse

Wie gelange ich an einen **MBTI®-Fragebogen**? Fragebögen werden seit über 50 Jahren ständig an die sozialen und kulturellen Anforderungen angepasst und sind in zahlreichen europäischen Sprachen erhältlich. Näheres erfahren Sie über www.opp.eu.com.

Wie erhalte ich eine **Lizenzierung als Trainer/Berater**? Um die Qualität des Instrumentes zu gewährleisten, ist der Einsatz des MBTI Instruments lizenzierten Personen vorbehalten. Im deutschsprachigen Bereich führt A-M-T die Lizenzierung durch. Der Einsatz des MBTI® Instruments ist an eine weltweit standardisierte Qualifizierung gebunden. Details erfahren Sie über www.a-m-t.de.

Wie erhalte ich weitere **Literatur**? Einen guten Überblick über Persönlichkeitsmodelle liefert: Walter Simon (Hrsg.): Persönlichkeitsmodelle und Persönlichkeitstests. Gabal, Offenbach 2006. Detailliertere Beschreibungen zu den einzelnen MBTI-Typen finden sich in:

- Isabel Briggs Myers: Einführung in Typen™, OPP Ltd. und in
- Sandra Krebs Hirsh, Jean M. Kummerow: Einführung in Typen in Organisationen. OPP Ltd.

- Elizabeth Hirsh, Sandra Krebs Hirsh: Einführung in Typen und Teams, CPP, Inc 2007

Aus Beiträgen des Buches von Sandra Krebs Hirsh sind die Tabelle 2 (Ihr bevorzugter Kommunikationsstil), Tabelle 3 (Ihr bevorzugter Arbeitsstil) und Tabelle 4 (Ihr Umgang mit Konflikten) entwickelt worden:

- Tabelle 2 – Auszug aus: Talking by Type, Jean Kummerow, Center for Applications of Psychological Type, 1985.
- Tabelle 3 – Auszug aus: Einführung in Typen, Isabel Briggs-Myers, CPP Inc., 1962.
- Tabelle 4: Auszug aus Damian Killen und Danica Murphy: Introduction to Type® and Conflict, 1. Aufl. 2003 CPP.

## 30 Minuten Selbst-Bewusstsein – auch als Hörbuch erhältlich

 Thomas Lorenz/Stefan Oppitz:
30 Minuten Selbst-Bewusstsein.
Mit dem Myers-Briggs-Typen-indikator® (MBTI®)
ISBN 978-3-86936-462-9

- *Das MBTI®-Profil erlaubt Aussagen zu den Stärken eines Menschen und seiner bevorzugten Problemlösungsstrategie.*

- *Die Selbsteinschätzung gibt – anders als der Fragebogen – nur erste Hinweise über das eigene Entwicklungspotenzial.*

- *Bei Unklarheit im Ergebnis bieten auch die einem Grundtyp angrenzenden Beschreibungen wertvolle Hinweise.*

- *„Persönlichkeit" kann entwickelt und in einem gewissen Maße trainiert werden. Zumindest die Annäherung an eine „ideale Persönlichkeit" ist möglich. Der MBTI hilft, sich zu einem orientierten Menschen heranzubilden, dessen Persönlichkeitsmerkmale miteinander harmonisieren.*

**30**

# Fast Reader

## 1. Selbst-Bewusstsein – was ist das?

*Jeder Mensch bevorzugt bestimmte Verhaltensweisen und Denkhaltungen. Welche dies sind, lässt sich aus seinem Persönlichkeitsbild ableiten. Wer sein Persönlichkeitsprofil kennt, weiß, wie er in einer bestimmten Situation mit hoher Wahrscheinlichkeit reagieren wird.*

- **Jeder Mensch verfügt über bestimmte Präferenzen, die seinen Persönlichkeitstyp ausmachen.**
- **Der MBTI® hilft, die eigene Persönlichkeit zu erkennen und weiterzuentwickeln sowie andere Menschen besser zu verstehen. Dies erleichtert den Umgang miteinander.**

## 2. Das eigene Persönlichkeitsprofil erkennen

*Um den ersten Schritt zu mehr Selbst-Bewusstsein zu gehen, muss festgestellt werden, welche Präferenzen ein Mensch hat, welches Verhalten für ihn beispielsweise in so wesentlichen Situationen wie geeignetem Wahrnehmen und gekonntem Entscheiden natürlich ist.*

**Das MBTI®-Profil unterscheidet hierzu vier Gegensatzpaare: Extraversion und Introversion, Sensitives Empfinden und Intuition, Denken und Fühlen, Urteilen und Wahrnehmen. Jeder Mensch hat bezüglich dieser vier Dimensionen eine Präferenz, die man durch Selbstbeobachtung und Selbstbeurteilung feststellen kann.**

**30**

## 3. Wie sich Präferenzen am Arbeitsplatz auswirken

*Der MBTI wird in der Praxis eingesetzt, um Arbeitsstile zu harmonisieren, Teamarbeit zu verbessern, Veränderungsprozesse zu unterstützen und Kommunikationsabläufe zu optimieren. Zudem dient er der Führungskräfteentwicklung.*

*Jeder Typ hat einen unterschiedlichen Lern- und Arbeitsstil. Identifizieren Sie Ihren persönlichen Stil, denn er hilft schnell und effektiv zu arbeiten. Sollten Sie in Ihrem Alltag gezwungen sein, gegen Ihre Präferenzen zu arbeiten, überlegen Sie, welche Änderungen möglich sind.*

*Für Teams oder Projektgruppen gilt: Menschen empfinden den Umgang mit Personen ihres eigenen Typs als einfacher. Effektive Problemlösung ist aber vor allem dann möglich, wenn die Teammitglieder unterschiedliche Präferenzen aufweisen und diese für die Teamarbeit genutzt werden.*

 **Das MBTI®-Profil ermöglicht zahlreiche Praxisanwendungen im Umgang mit sich selbst und am Arbeitsplatz:**

- **So können die Arbeits- und Kommunikationsstile von Teammitgliedern aufeinander abgestimmt werden.**
- **Es erlaubt die Zusammenstellung effektiv arbeitender Teams, in denen sich die Stärken der unterschiedlichen Präferenzen ergänzen und zur optimalen Problemlösung führen.**
- **Für jeden Problemlösungsschritt kann der Mitarbeiter eingesetzt werden, der aufgrund seines Profils besonders dazu geeignet ist.**

- *Wer sein Persönlichkeitsprofil kennt, kann mit Veränderungen gezielt umgehen.*

## 4. Die Performance der Persönlichkeit steigern

*Bei guter Persönlichkeitsentwicklung geht es NICHT darum, alle mentalen Prozesse gleich entwickelt zu haben oder gleich gekonnt einzusetzen. Vielmehr geht es darum zu lernen, die Funktionen des Wahrnehmens und Entscheidens angemessen einzusetzen, aber dabei eine klare Rangfolge der Präferenz beizubehalten.*
*Wer seine Kenntnisse über sein Persönlichkeitsprofil vertiefen möchte, muss seine dominante, sekundäre, tertiäre und inferiore Funktion feststellen. Besondere Bedeutung hat die inferiore Funktion, da sie das umfasst, was ein Mensch in aller Regel nicht an sich wahrhaben möchte, und somit eine große Chance zur Weiterentwicklung bietet.*

- *Mit dem MBTI lassen sich Führungs- und Kommunikationsprozesse optimieren: Führungskräfte stimmen ihren Führungsstil auf die Persönlichkeitsprofile ihrer Mitarbeiter*

*ab, diese können ihre Vorgesetzten besser einschätzen.*

- *Präferenzen und Funktionen lassen sich in eine Hierarchie bringen: Besonders wichtig sind die dominante und die inferiore Funktion.*
- *Allein die Kenntnis der inferioren Funktion hilft bei der Stressbewältigung. Hinzu kommen Strategien wie Energieerneuerung oder Sport.*
- *Grundsätzlich sollte angestrebt werden, sich stets im Rahmen seiner Präferenzen zu bewegen.*

## 5. Die persönliche Entwicklung vorantreiben

**30**

- *Das MBTI®-Profil erlaubt Aussagen zu den Stärken eines Menschen und seiner bevorzugten Problemlösungsstrategie.*
- *Die Selbsteinschätzung gibt – anders als der Fragebogen – nur erste Hinweise über das eigene Entwicklungspotenzial.*
- *Bei Unklarheit im Ergebnis bieten auch die einem Grundtyp angrenzenden Beschreibungen wertvolle Hinweise.*
- *„Persönlichkeit" kann entwickelt und in ei-*

*nem gewissen Maße trainiert werden. Zu-*
*mindest die Annäherung an eine „ideale Per-*
*sönlichkeit" ist möglich. Der MBTI hilft, sich*
*zu einem orientierten Menschen heranzubil-*
*den, dessen Persönlichkeitsmerkmale mitei-*
*nander harmonisieren.*

# Die Autoren

 **Thomas Lorenz** ist Partner für Persönlichkeit, Professionalität und Performance. Er gründete 1988 die A-M-T Management Performance AG und veröffentlichte seine Erfahrungen als Buchreihe. Der Diplom-Ökonom lizenziert für die Anwendung des MBTI® Instruments, bietet Führungsprogramme und eine Coach-Ausbildung an; die Persönlichkeit des Einzelnen findet dabei stets Berücksichtigung.

**Stefan Oppitz** ist Spezialist für die Anwendung von Persönlichkeitsinstrumenten bei der A-M-T AG. Er nutzt diese zur Unterstützung der Personalauswahl, beim Outplacement oder bei der Karriereberatung. Auch als Trainer oder Coach arbeitet er international und setzt auf den MBTI®, um Teams und Einzelpersonen zur High Performance zu führen.

# Register

# In Persönlichkeit investieren

management performance ag

A-M-T Management Performance AG
ist seit über 25 Jahren Ihr …

- **Partner für Inhouse-Seminare**
  mehr als nur Training von der Stange
- **Persönlicher Trainer**
  Know-how für jeden Einzelnen
- **Individueller Begleiter**
  denn meist kennen Sie die Lösung selbst
- **Persönlichkeitsanalyst**
  damit Sie mehr über sich und andere erfahren
- **Ausbilder**
  zum Performance Coach und zu führenden
  Persönlichkeitsinstrumenten

*Unsere
Buchserie*

„Alles ist im Fluss" – wir bei A-M-T nutzen die Metapher des Flusses und schaffen so eine Landkarte als Orientierung in einer immer komplexer werdenden Welt. Orte entlang dem Fluss entsprechen persönlichen Antriebswerten. Die A-M-T begleitet Sie über die Brücken zu den Orten und stellt passende Werkzeuge zur Verfügung.

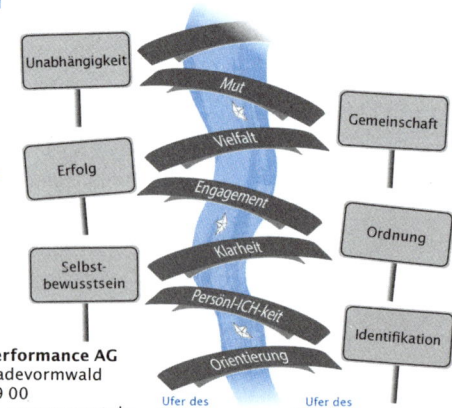

**A-M-T Management Performance AG**
Südstraße 7 · 42477 Radevormwald
Fon +49 (0)2195/92 69 00
performance@a-m-t.de · www.a-m-t.de